팬데믹 시대의 소그룹 목회

팬데믹 시대의
소그룹 목회

이한진 지음

드림북

머리말

제가 '소그룹'이라는 목회 방법론과 그 안에 담긴 기독교 영성의 관계를 연구하여 박사학위를 받은 지 약 8년의 시간이 흘렀습니다. 학위를 받은 이후, 그 동안의 연구 결과를 토대로 소그룹 목회에 대한 단행본을 출판하고 싶은 마음은 언제나 있었습니다. 그러나 연구서 출판보다 목회 현장에 머무르며 소그룹의 현장 경험을 쌓는 것이 우선이라고 생각했습니다. 바쁜 목회 현장에 몸을 담근 채 소그룹 목회에 대한 연구서 출판을 막연히 미루어 오던 중, 누구도 예상치 못했던 코로나 팬데믹의 시대를 맞이하였습니다.

정기적으로 교회에 내려온 방역 수칙 공문에는 빠지지 않는 문구가 있었습니다. "소모임 금지." 소그룹의 활성화가 목회의 활력을 불어넣는다는 것은 주지의 사실입니다. 그러나 무섭게 확산하는 바이러스의 위협에서 건강과 생명을 지켜야 한다는 당위성 앞에 교회의 소모임은 지난 2년간 철저히 금지되었습니다. 코로나의 확산으로 주일예배를 비롯한 대형집회도 그 규모가 제한되었습니다. 이것도 목회적 차원에서는 큰 위기였습니다. 그러나 소모임 금지라는 원칙은 목회의 원동력인 소그룹을 일부 제한한 것을 넘어 원천적으로 금지시켰습니다. 코로나 팬데믹의 시대를 지나며 교회의 침체가 겉모습으로는 예배의 쇠퇴로 나타났습니다. 그러나 더 큰 위기는 보이지 않는 곳에서 소리 없이 진행된 소그룹 목회의 붕괴입니다.

소그룹 목회를 연구하는 실천신학자요 교회 현장에서 이를 실행하는 목회자라고 스스로를 자리매김하였던 저에게 코로나의 여파는 너무도 큰 충격이었습니다. "소모임 금지"의 시대를 맞이하여 소그룹 목회의 전공자로 제가 할 수 있는 것은 나의 고민과 생각을 조금씩 노트에 적어 놓는 것뿐이었습니다. 미국 유학 시절의 소그룹 연구가 분명한 출처와 빈틈없는 논리를 엮어가는 치열한 학문의 과정이었다면, 코로나 시대에 저의 노트는 마주친 현실 속에서 때로는 하나님께 드리는 기도요 때로는 나 스스로에게 건네는 대화요 또 때로는 제가 사랑하는 교회와 성도들을 향한 외침이었습니다. 코로나의 시기가 지속되었던 지난 2년 동안, 손으로 직접 적은 노트만 열두 권이 되어 갑니다. 그리고 열두 권의 노트에는 소그룹 목회를 처음부터 다시 되돌아보았던 고민의 흔적들이 고스란히 담겨 있습니다.

코로나의 대유행이 3년째로 접어드는 지금, 이제는 목회의 역동성을 회복하기 위해 소그룹 목회를 재구성(re-design)할 때가 되었다는 확신이 들었습니다. 그리고 때마침 소그룹 목회에 대한 연구서 출판을 제안받았습니다. 코로나 이전이었다면 아직은 목회 현장에서 실천의 경험을 더 쌓아야 한다고 정중히 거절하였을 것입니다. 그러나 팬데믹 시대에는 소그룹 목회에 대한 실험적 도전이 다방면에서 시도되어야 합니다. 아직 한국 교회와 세계 교회는 팬데믹 시대의 소그룹 목회에 대한 합의된 지향점을 찾지 못했기 때문입니다. 그런 점에서, 팬데믹 시대의 소그룹 목회를 함께 논의하기 위하여 지금까지 제가 행했던 연구와 실천과 고민의 결과를 한 권의 책으로 내어놓으려 합니다. 코로나 이전에 소그룹 목회에 대한 연구서를 출판하였다면 엄격한 각주와 학문적 논리성을 충실히 구현한 글쓰기가 되었을지 모릅니다. 그러나 팬데믹이라는 전혀 새로운 시대에 소그룹 목회를 재구성하는 이 책에서는 충실한 각주와 학문적 치밀함으로 비평의 요소를 최소화하기보다 목회 현장에서 튀어나온 생각들을 여과 없이 공론의 현장에 내어놓기 위해 노력했습니다. 이 책에서 저는 나름대로의 해법도 제시하려고 합니다. 그러나 저의 의견이 최종적인 해답이라고 생각하지는 않습니다. 그보다는 팬데믹 시대에도 소그룹 목회를 지향하는 모든 분들과 소그룹 목회의 방향을 함께 찾아가는 화두가 되기를 바라는 마음입니다.

이 책은 모두 3부로 구성되어 있습니다. 제1부 '소그룹 목회의 원리'는 소그룹 목회에 대한 신학적 이해를 위해 기록하였습니다. 신학을 공부하지 않은 성도님들에게는 읽기 어려울 수도 있습니다. 그러나 소그룹에 대한 신학적 통찰력을 갖추기 위해서는 꼭 필요한 내용이라 생각합니다. 교회사에서 가장 큰 성과를 내었던 소그룹 목회는 웨슬리의 감리교운동(속회, class meeting)과 조용기 목사의 여의도순복음교회(구역, home cell group)라고 할 수 있습니다. 그러나 감리교의 속회와 여의도 순복음교회의 구역은 방법론적으로 너무도 큰 차이가 존재하는데, 그 이유는 감리교운동과 순복음운동이 추구하는 기독교적 가치인 영성 이 서로 다르기 때문입니다. 이러한 차이를 이해하면 비로소 21세기 세계 교회에서 일어나는 여러 형태의 소그룹 목회를 분석하는 안목이 생깁니다. 그러므로 제1부가 조금 어렵게 여겨지는 독자분들이 계시 더라도 2부와 3부를 읽기 전에 제1부의 내용을 천천히 따라와 주시기 를 바랍니다.

제2부 '소모임 금지의 시대'는 지난 2년간 코로나 시대의 소그룹 목 회에 대한 회상입니다. 코로나의 시대를 지나며 목회 현장이 어떻게 변 화되고 있는지를 소그룹이라는 관점에서 분석하였습니다. "소모임 금 지"라는 방역수칙 아래에서 교회는 여러 대응책을 내놓았습니다. 모두 가 아는 바와 같이, 그 대안은 주로 온라인 공간이었습니다. 충분한 가능성이 제시되었지만 본격적으로 논의하지 않았던 온라인 소그룹 이 코로나 시대를 지나며 다양한 방법으로 시행되었습니다. 새들백교 회나 알파코스 등에서 온라인 소그룹의 상공사례가 보고되고 있으며 이들의 노하우를 정리하여 소개하는 단행본도 이미 출판되어 있습니 다. 코로나의 시대를 지나며 온라인 소그룹은 더 이상 미래의 소그룹 이 아니라 오늘의 소그룹이 되었습니다. 제2부에서는 지금까지 보고 된 자료를 분석하여 온라인 소그룹의 장점과 가능성, 그리고 주의할 점도 제시하였습니다.

제3부 '소그룹 목회의 재구성'은 제가 조심스럽게 내어놓는 팬데믹 시대를 위한 소그룹 목회의 대안입니다. 팬데믹의 상황이 향후 어떻게 진행될지는 아무도 예측할 수 없습니다. 그러나 지난 2년과 같이 소모임이 전적으로 금지되던 시기는 조금씩 벗어날 것이라는 희망을 전제합니다. 제2부가 모든 소모임이 금지되었던 코로나 시대(2020년과 2021년)의 소그룹 목회에 대한 기술이라면, 제3부는 바이러스와 공존하는 팬데믹 시대(2022년 이후)의 소그룹 목회에 대한 전망과 제안이라고 말씀드릴 수 있습니다. 우리는 더 이상 코로나 이전으로 돌아갈 수 없습니다. 그러면 팬데믹의 시대에 우리는 어떠한 소그룹 목회의 대안을 내어 놓을 수 있을까요? 제3부에서는 목회의 본질인 복음을 전하는 사명을 위해 모두 네 가지 종류의 소그룹을 제안합니다.

　제1부부터 제3부까지, 각각의 논의를 마친 뒤에는 별도의 소그룹 프로그램을 수록하였습니다. 제가 제안하는 팬데믹 시대의 소그룹 목회를 구체적인 실례로 보여 드리려는 목적입니다. 그러나 지면의 한계로 소그룹 프로그램을 충분히 제공하지 못했다는 것을 미리 밝힙니다. 보다 충분한 소그룹 목회의 노하우와 프로그램을 제시하려면 아마도 별도의 단행본이 필요할 것입니다. 그리하여 각부마다 중요하게 논의하였던 소그룹을 선별하여 그에 해당하는 소그룹 프로그램을 수록하였습니다. 한 권의 책으로 모든 것을 담아낼 수는 없지만, 이것을 계기로 많은 분들과 팬데믹 시대의 소그룹 목회를 함께 고민하며 더욱 풍성한 소그룹 프로그램을 함께 구성하고 실천할 수 있기를 바랍니

다.

    끝으로 이 책이 나오기까지, 저의 모든 유학길과 목회활동을 변함없이 곁에서 지켜주었던 아내 박의경에서 감사의 마음을 전합니다.

2022년 1월

차 례

머리말 • 4

| 제1부: 소그룹 목회의 원리 |

소그룹 목회의 보편성 _ 성경적 근거 • 20

소그룹 목회의 보편성 _ 방법론적 특징 • 25

감리교운동과 속회 • 29

순복음교회와 구역 • 39

소그룹 목회의 유형들 • 49

개혁교회의 소그룹 목회 • 57

[소그룹 프로그램] 개혁교회 목회자 소그룹 • 66

| 제2부: 소모임 금지의 시대 |

목회 역량의 편중 현상 • 78

온라인 소그룹이라는 대안 • 84

코로나 블루와 소그룹 목회 • 91

[소그룹 프로그램] 온라인 소그룹 • 96

| 제3부: 소그룹 목회의 재구성 |

전도 소그룹 • 112

목양 소그룹 • 123

리더양성 소그룹 • 136

사명 소그룹 • 145

목회자의 역할 • 152

[소그룹 프로그램] 목양 소그룹 • 158

제1부
소그룹 목회의 원리

코로나가 전 세계를 강타하기 이전, 교회가 활용하던 소그룹 목회의 형태는 셀 수 없을 정도로 많았다. 소그룹의 기본단위를 표현하는 용어만 보더라도 전통적으로 널리 사용되었던 구역과 속회 외에도 순, 셀, 다락방, 목장 등이 보편화되면서 분명한 정의가 정립되지 않은 채 다양한 용어들이 혼용되는 형국이었다. 이에 더하여 제자훈련, D12, G12, 알파 등 이른바 '잘 나가는' 목회 프로그램들도 나름대로의 소그룹 방법론을 제시하였다. 코로나 시대는 "소모임 금지"를 표방하였다. 그런데 역설적으로 코로나 시대를 거치며 소그룹 목회의 형태는 더욱 다양해졌다. 기존의 다양한 소그룹이 온라인 플랫폼에 따라 더욱 세분화되었기 때문이다. 줌으로 대표되는 화상전화 방식이 온라인 소그룹의 대세를 이루었지만 조금만 자세히 살펴보면 그룹 채팅부터 메타버스까지 온라인상에서 실행되는 소그룹은 천차만별이다. 소그룹의 형태가 이처럼 가지각색이니 목회 일선에 있는 현장 목회자들이나 교회의 리더들은 날마다 등장하는 다양한 소그룹 프로그램을 어떻게 이해하고, 어떻게 자신의 목회에 적용해야 하는 지 혼란스럽기 마련이다.

교회 성장학에서 자주 인용되는 경구가 하나 있다. "방법론은 다양하지만 원리는 그렇지 않으며, 방법론은 변하기 마련이지만 원리는 결코 변하지 않는다." (Methods are many, Principles are few; Methods may change, But principles never do.) 이 경구를 소그룹 목회에 적용한다면 다음과 같이 될 것이다. '소그룹의 방법론은 다양하지만 소그룹의 원리는 그렇지 않으며, 소그룹의 방법론은 변하기 마련이지만 소그룹의 원리는 결코 변하지 않는다.' 목회자들이 소그룹의 활성화를 간절히 원하기에 새롭게 부상하는 소그룹 프로그램에 관심을 가져보지만 그것들이 지역교회에서 역동성을 발휘하지 못하는 경우가 많다. 그 이유 가운데 하나는 변화무쌍한 소그룹의 방법론만 추구할 뿐 소그룹 안에 면면히 흐르는 원리를 발견하지 못했기 때문이다.

소그룹 목회를 신학적이고 목회적 측면에서 체계적으로 이해하기 위해 필수적으로 고려해야 할 세 가지 중요한 원리가 있다. 첫째는 소그룹 목회의 보편성이다. 아무리 새로운 소그룹 방법론을 주창하더라도, 지난 교회사에서 반복적으로 주장되어온 소그룹 목회의 성경적 근거 및 방법론적 특징에서 크게 벗어나지 못하는 경우가 많다. 예를 들어, 신약시대의 가정교회 모임이 오늘날 소그룹 목회의 원형이라는 주장은 모든 소그룹 목회의 공통된 주장이다. 그러므로 누군가 자신이 창안한 소그룹 프로그램이야말로 가장 성경적이며 신약시대의 교회

원형에 가장 가까운 목회 방법론이라고 주장하더라도, 그러한 주장이 그의 소그룹 목회를 기존의 소그룹 목회와 구별시키지 않는다. 성경은 특정한 소그룹의 유형을 지시하지 않으며 신약시대의 가정교회 모임이 소그룹 목회의 원형이라는 주장은 모든 소그룹에 적용할 수 있는 보편성에 해당하기 때문이다. 이처럼 소그룹의 보편적 특징을 정확히 알아야 단순히 용어나 표현만 바꾼 소그룹 프로그램에 현혹되지 않을 수 있다.

둘째는 소그룹 목회의 다양성이다. 보편적인 성경적 근거 및 방법론적 특징을 공유하고 있지만, 소그룹 목회에는 다양한 유형이 존재한다. 여기서 다양성은 주로 신학적 차이보다는 방법론적 차이를 가리킨다. 예를 들어, 구역과 속회는 확연히 구별되는 방법론적 차이를 드러낸다. 구역 중심의 소그룹 시스템에서는 구역이라는 한 종류의 소그룹만 존재하는 반면, 속회 중심의 소그룹 시스템에서는 속회, 신도반, 선발신도반이라는 다층적 소그룹 구조를 갖기 때문이다. 전통적인 구역 방식을 따르면서도 다양한 사역을 위해 별도의 소그룹을 조직하는 이른바 메타 모델은 소그룹 목회의 또 다른 유형이다. 이처럼 소그룹이라는 형태는 동일하지만 소그룹으로 어떠한 시스템을 구성하느냐에 따라 소그룹 목회의 다양성이 발생한다. 먼저 소그룹 목회의 보편성을 충분히 인식하면 소그룹 목회의 여러 유형 사이에 존재하는 방법론적 다양성이 확연히 드러난다.

셋째는 소그룹 목회의 영성이다. 소그룹 목회에는 다양한 유형들이 존재하는데(소그룹의 다양성), 이러한 유형들은 그것을 채택한 기독교 공동체의 영성을 반영한다. 영성에 대한 다양한 해석과 정의가 가능하지만, 소그룹 목회와 영성의 관계를 밝히는 이 책에서는 '기독교 공동체가 추구하는 최고의 가치'를 그들의 '영성'(spirituality)이라고 부른다. 이러한 정의는 기독교 공동체가 추구하는 가치, 곧 영성에 대한 신학적 평가를 잠시 유보한다는 의미도 포함한다. 예를 들어 장로교 목사인 나는 존 웨슬리의 아르미니안주의나 순복음교회의 오순절신학에 동의하지 못하는 바가 많다. 그러나 소그룹 목회를 보다 객관적으로 분석하기 위해서는 이러한 신학적 논쟁은 잠시 보류할 필요가 있다. 어느 기독교 공동체가 추구하는 최고의 가치를 '영성'이라는 말로 표현하고, 그 공동체가 채택한 소그룹 목회의 유형이 그들의 영성과 어떠한 관계에 있는지를 분석하는 것이 실천신학의 일차적 역할이기 때문이다. 기독교 공동체가 추구하는 최고의 가치인 영성은 인간에 대한 이해 그리고 하나님에 대한 인식과 긴밀히 연결될 수밖에 없다. 그러므로 다양한 유형의 소그룹 목회를 입체적으로 파악하기 위해서는 소그룹을 채택한 기독교 공동체의 신학과 그에 근거한 영성을 파악해야 한다. 예를 들어, 인간의 본성에 대해 긍정적인 입장을 취하는 웨슬리 신학은 '그리스도인의 완덕'(Christian Perfection)을 최상의 가치로 여겼다. 그리고 이러한 웨슬리의 영성은 그리스도인의 완덕을 향해 나아가는 과정으로서의 소그룹 유형, 곧 다층적 구조의 속회로 표현되었던 것이다.

한국 교회의 많은 현장 목회자들은 소그룹에 대한 위의 세 가지 원리를 학습할 기회가 부족하였고, 결과적으로 소그룹 목회를 통전적으로 이해하는데 어려움을 느끼고 있다. 한국의 주요 신학교에서 위의 내용을 강의하지 않을 뿐 아니라, 시중에 출판된 소그룹 목회 관련 서적들 역시 소그룹의 보편성만 서술하거나, 소그룹의 다양한 유형들을 무미건조하게 나열하거나, 혹은 자신이 지지하는 소그룹 방법론이 가장 효과적이고 신학적으로도 건전한 유형이라고 주장할 뿐 소그룹의 보편성과 다양성을 구별하고 다양성을 영성의 차이와 연결하여 제시하지 못하고 있다.

재차 강조하건대, 소그룹 목회에 대한 입체적인 접근은 신생하는 개별 프로그램들을 추적한다고 얻어지지 않는다. 다양하고 변화무쌍한 목회 방법론을 체계적으로 이해하기 위해서는 그 뒤에 숨겨진 원리를 발견해야 하듯, 팬데믹의 시대를 지나며 더욱 빠르게 변하는 소그룹 프로그램에 함몰되지 않기 위해서는 소그룹 목회의 세 가지 핵심 원리를 먼저 이해해야 한다. 팬데믹 시대를 맞이하여 소그룹 목회의 다양한 방법론이 무수히 쏟아지고 있지만 팬데믹 시대에도 소그룹 목회의 핵심 원리는 변하지 않기 때문이다.

소그룹 목회의 보편성 - 성경적 근거

소그룹 목회의 성경적 근거에 대한 주장은 20세기 중반부터, 다시 말해 세계적으로 소그룹 목회가 활기를 띠기 시작한 때로부터 집중적으로 제기되었다. 그러던 1994년, 아이스너글(Gareth Icenogle)는 당시 파편적으로 주장되던 소그룹 목회의 성경적인 근거를 집대성하여 『소그룹 사역을 위한 성경적 기초』(Biblical Foundations for Small Group Ministry)라는 책을 저술하였다. 이 책이 출판된 지 수십 년이 지난 지금까지도 소그룹 목회를 주장하는 목회자나 신학자들은 이 책의 주장을 인용하며 되풀이하고 있다. 지금까지도 아이스너글의 책이 인용되는 이유에 대해 그 책의 탁월성을 지적할 수도 있겠으나, 보다 중요한 요인은 아마도 소그룹 목회의 성경적 근거가 모든 소그룹 프로그램에 적용할 수 있는 소그룹 목회의 보편성에 해당하기 때문일 것이다. 먼저 아이스너글의 책을 중심으로 소그룹 목회의 지도자들이 보편적으로 주장하는 소그룹의 성경적 근거를 개괄적으로 소개하면 다음과 같다.

첫째, 삼위일체 하나님의 창조다. 하나님께서 인간을 창조하시는 장면을 묘사하는 창세기 1장 26절부터 28절에서 하나님은 "우리의 형상을 따라 우리의 모양대로 우리가 사람을 만들고"라고 말씀하신다. 여기서 주목할 점은 "우리"라는 복수 대명사이다. 소그룹 목회의 주창자들은 하나님께서 세 위격으로 존재하신다는 이 구절에 대한 삼위일체적 해석에서 한 걸음 더 나아가 하나님께서 하나의 공동체, 곧 소그룹으로 존재하신다고 선언한다. 더불어 주목해야 할 구절은 "하나님의 형상과 모양"이다. 소그룹으로 존재하시는 하나님께서 자신의 형상과 모양을 따라 사람들(복수)을 만드셨으니, 사람들 역시 공동체적 존재라는 주장이다. 한마디로, 소그룹으로 존재하시는 하나님께서 인간들 역시 소그룹으로 존재하도록 창조하셨다는 것이다.

둘째, 모세가 이드로의 조언을 따라 천부장, 백부장, 오십부장, 그리고 십부장을 세운 장면이다(출 18장). 소그룹 목회의 지지자들에 따르면, 출애굽기 18장의 이 사건은 모세를 중심으로 모든 이스라엘 회중이 한 자리에 모였던 대형집회와 달리 10명을 기본 단위로 한 소그룹 형태를 보여준다. 특별히 메타 모델을 주창한 칼 조지(Carl George)는 출애굽기 18장의 사건이 '리더십의 변화'를 보여준다는 점에 주목한다. 그의 주장에 따르면, 출애굽기 18장 이전에는 모세라는 한 사람의 탁월한 리더십 아래에 민족의 모든 사안들이 처리되었는데 이제부터는 새롭게 세워진 소그룹 지도자들 중심의 수평적 리더십이 정착되었다. 그런 점에서 출애굽기 18장의 사건은 구조적인 면에서 이스라엘 민족 안에 소그룹 체계가 확립되었음은 물론이요, 소그룹을 통한 다원적 리더십으로의 변화도 보여준다는 주장이다.

셋째, 예수님께서 열두 명의 제자를 부르신 장면이다(ex. 막 3:13~15). 소그룹 목회를 지지하는 목회자나 신학자들은 예수님께서 자신을 따르는 무리들 중에서 열두 명을 제자로 부르신 사실에 집중하면서 예수님께서 친히 행하셨던 열두 제자의 소그룹 목회야말로 역사상 가장 뛰어난 소그룹의 모범이라고 주장한다. 예를 들어, 아이스너글은 예수님의 열두 제자 소그룹에 대해 "하나님께서 태초부터 갈망하셨던 소그룹 원형의 반영이자 완성"이라고 평가한다.[1] 가정교회 운동을 비롯하여 제자도를 특별히 강조하는 소그룹 목회에서는 예수님께서 열두 명으로 구성된 소그룹을 사용하여 제자도를 전수하셨다고 강조한다. 이러한 주장들은 한결같이 현대 교회의 소그룹 목회가 예수님이 가르치신 내용, 리더십, 그리고 교육 방법 등을 연구하여 소그룹 운영의 기본 원리로 삼아야 한다고 강조한다.

넷째, 초대교회가 소그룹의 형태인 가정교회로 모였다는 점이다. 조용기 목사는 1981년에 영문으로 출판된 『성공적인 구역』(Successful Home Cell Group)에서 사도행전 2장을 근거로 초대교회에 두 가지의 모임이 존재했다고 지적한다. 곧 성전에서의 모임과 떡을 떼며 교제하는 가정모임이 그것이다. 그는 같은 책에서 교회가 시작된 오순절날에만 삼천 명이 세례를 받아 신자가 되었는데 이렇게 급성장하는 초대교회에서 열두 명의 사도들만으로 충분한 목회적 돌봄을 제공한다는 것은 불가능했으며, 가정 모임의 리더들이 그 공백을 메웠다고 주장한다. 이러한 조용기 목사의 주장은 지금까지도 다양한 소그룹 프로그램의 성경적 근거로 반복되고 있는데, 무엇보다 전체 회중의 모임과 소그룹 모임이 목회의 두 바퀴가 되어야 한다는 주장의 역사적 뿌리가 되고 있다. 조용기 목사는 성전모임과 가정모임의 이중 구조를 강조하였지만 이후 성전모임보다 가정모임을 더욱 강조하는 움직임도 일어났다. 그 대표적인 예가 닐 콜(Neil Cole)이 주창했던 가정교회(Organic Church)운동이다. 하지만 이 역시 역사적 뿌리는 조용기 목사가 주창했던 성전모임과 가정모임의 두 가지 형태에 있다고 볼 수 있다.

지금까지 살펴본 것과 같이, 소그룹 목회를 지지하는 목회자나 신학자들은 소그룹 목회의 성경적 근거를 주장한다. 그들의 주장에 따르면 성경은 유형론적으로는 물론이요, 신학적으로도 소그룹 목회를 지지한다. 여기서 유형론적이라는 의미는 현대적 의미의 소그룹과 유사한 혹은 동일한 형태가 성경에 빈번하게 등장한다는 것이요, 신학적이라는 의미는 오늘날의 소그룹 목회가 최고의 장점으로 내세우는 공동체성이 성경에서 중요하게 다루어지는 가치라는 것이다. 소그룹 목회의 성경적 근거에서 한 걸음 더 나아가, 소그룹 목회가 2000년 교회사에서 면면히 흐르는 하나의 중요한 흐름이라는 주장도 있다. 예를 들어 조엘 초미스키(Joel Comiskey)는 자신의 박사학위 논문에서 중세 시대의 수도원 운동, 종교개혁 시대의 재세례파, 그리고 경건주의 운동으로 이어지는 소그룹의 역사적 흐름을 주장한다. 한국어로 출판된 자료 중에는 채이석 박사의 『소그룹의 역사』가 동일한 논리를 따라가고 있다. 그러나 재세례파 및 경건주의 운동에서의 소그룹은 역사적 영향력이 크지 못하였기에, 18세기에 시작된 존 웨슬리의 감리교운동으로부터 현대적 의미의 소그룹 목회가 시작되었다고 보는 것이 보다 타당해 보인다.

그렇다면 소그룹 목회에 대한 이러한 성경적 근거는 얼마나 타당한 것인가? 소그룹에 대한 성경적 근거에 대한 비판은 없는가? 위에서 소개한 소그룹 목회의 성경적 근거에 대한 타당성 있는 비판 가운데 하나는 초대교회의 가정모임과 현대적 의미의 소그룹 목회 사이에 존재하는 역사적이고 문화적인 차이에 대한 지적이다. 탐린(Graham Tomlin)은 "소그룹 교회: 신학적으로 건전한가?"라는 글에서 소그룹의 성경적 근거가 단순히 본문 제시(proof-text)의 수준에 머물러서는 안 된다고 지적한다. 신약의 교회가 가정 단위의 작은 모임으로 구성되어 있었던 것은 사실이지만 신약 성경의 교회와 오늘날의 교회 사이에는 역사적이고 문화적인 차이가 존재하기에 이를 현대 교회가 그대로 따라야 할 모범으로 받아들일 필요는 없다는 주장이다. 그는 신약 시대의 교회에서 여자가 머리에 수건을 덮고 남자들이 입맞춤으로 문안하였다고 하여 그것을 오늘날의 규범으로 받아들일 필요가 없는 것과 마찬가지라고 설명한다.[2] 성경에서 소그룹 형태의 작은 단위 모임을 찾아낼 수도 있고 소그룹의 강점인 공동체성을 강조하는 본문을 제시할 수도 있다. 그러나 다양한 소그룹 목회의 유형들은 소그룹으로 모인다는 공통점을 제외하고는 너무나도 다른 신학적이고 영성적인 차이점을 드러내고 있다. 게다가 성경이 어느 특정한 유형의 소그룹 목회를 지지하는지도 분명하지 않다. 그러므로 성경이 작은 단위의 모임인 소그룹을 지지한다는 주장을 받아들일지라도 그것이 오늘날의 모든 소그룹 목회에 성경적이고 신학적인 정당성을 부여하는 것은 아니다. 소그룹 목회의 신학적 건전성을 논의하기 위해서는 그 소그룹 목회의 배경이 되는 신학과 영성을 탐구해야 하며, 이러한 연구는 역사적이고 문화적인 접근도 포함되어야 하기 때문이다.

소그룹 목회의 보편성 – 방법론적 특징

소그룹 방법론은 기독교만의 독특한 현상이 아니다. 기독교의 울타리가 아니더라도 교육학, 상담학, 경영학 등의 분야에서 소그룹의 기능에 대한 다양한 연구가 진행되고 있다. 이는 15명 이내의 사람들이 수평적 관계를 형성하는 소그룹이 가지는 효율성 때문이다. 소그룹의 효율성을 일찍부터 인식하였던 교회는 속회, 구역, 셀, 다락방 등의 다양한 이름으로 소그룹을 목회의 중요한 방편으로 활용하였고, 나름의 독특한 방식으로 소그룹의 효율성을 극대화하기 위해 노력하였다. 그러므로 소그룹 목회를 보다 체계적으로 이해하기 위해서는 소그룹이라는 형태가 태생적으로 지닐 수밖에 없는 방법론적 특징을 이해해야 한다. 먼저 소그룹의 방법론적 장점을 크게 세 가지로 소개한 뒤 그에 따르는 한계점도 지적하겠다.

소그룹의 첫 번째 장점은 인격적 상호작용(mutual responsibility)이다. 대형집회보다는 소그룹이 사람들 사이의 인격적 유대관계를 형성하는 데 유리하다. 참석자들이 소속감을 느끼고, 그리스도인의 형제애와 따뜻한 마음을 맛볼 수 있는 곳은 대형집회가 아니라 소그룹 현장이다. 마음

속 깊이 자리한 상처와 아픔을 대중 앞에서는 고백하기 어렵지만, 서로의 처지를 알고 이해해 줄 수 있는 소그룹 안에서는 자신의 이야기를 솔직히 털어놓을 수 있다. 소그룹의 두 번째 장점은 교육적 효과다. 대형집회에서 가능한 일방적 지식 전달 외에도, 소그룹에서는 멘토링과 상호 모방이 가능하다. 멘토링이란 피교육자의 학습 정도에 따라 적절한 지도를 해주는 것인데, 소그룹 환경은 참석자들의 영적 상태를 보다 쉽게 파악하여 그에 맞는 조언을 해줄 수 있다. 아울러, 소그룹에서는 다른 이들의 행동이나 삶을 가까운 거리에서 확인할 수 있기에 상호 모방을 통한 학습도 가능하다. 소그룹의 세 번째 장점은 현대 사회와의 적합성이다. 현대 사회는 권위주의가 해체되고 개인주의가 만연하여 권위 있는 소수의 주장보다는 각자의 경험에서 나오는 대중의 의견이 중요해진 다원주의 사회다. 그런데 교회의 대형집회는 회중들에게 수동적인 참여를 요구한다. 반면 소그룹 형태는 참석자들이 자신의 경험이나 의견을 자유롭게 피력할 수 있는 공간을 확보함으로써 현대인들에게 보다 적극적인 참여를 유도할 수 있다. 현대 사회에서 소그룹에 대한 관심과 중요성이 급증하는 이유도 이와 같은 사회적 배경에서 찾아볼 수 있다.

<소그룹의 장점과 그에 따른 위험성>

소그룹의 장점	소그룹의 위험성
인격적 상호작용	교회 안의 갈등 유발
교육적 효과	검증되지 않은 가르침
현대 사회와의 적합성	자기 중심적 종교

소그룹의 방법론적 장점으로 크게 세 가지를 지적하였다. 그런데 위의 세 가지 장점이 오히려 소그룹의 단점으로 작용할 수도 있다. 소그룹의 첫 번째 장점으로 인격적 상호작용을 지적하였다. 그런데 소그룹원들 사이의 인격적 상호작용이 오히려 교회 안의 갈등을 유발할 수도 있다. 강원도 춘천에 위치한 어느 교회는 제자훈련을 위해 소그룹의 형태를 도입하였고 그 소그룹 안에서 성도들은 내면의 상처와 아픔을 털어놓았다. 소그룹이 제공하는 인격적 상호작용 속에서 성도들은 서로가 서로의 상처를 품어줄 수 있으리라 느꼈기 때문이다. 그런데 제자훈련에 참여했던 한 성도가 소그룹에 속하지 않은 성도들에게 다른 사람의 이야기를 전했고, 이것은 교회 안의 큰 갈등으로 이어졌다. 소그룹의 강점인 인격적 상호작용이 오히려 교회의 갈등을 일으킨 이와 같은 사례는 매우 보편적인 현상이다. 그래서 마이클 그린(Michael Green)은 "소그룹 교회: 그 장점과 위험성"이라는 글에서 소그룹원들 사이의 친밀성이 오히려 소그룹에 속하지 않은 다른 성도들과의 관계를 소원하게 만든다고 분석한 바 있다.

소그룹의 두 번째 장점으로 멘토링과 상호 모방을 통한 학습 효과를 지적하였다. 그런데 이러한 소그룹의 학습 효과 역시 부정적으로 작용할 수 있다. 대중을 대상으로 하는 설교에서는 무엇이 옳으며 무엇이 그른가를 비교적 분명하게 이야기할 수 있다. 그러나 친근한 유대관계가 형성되는 소그룹 안에서는 참석자들의 잘못을 분명하게 지적하기 어렵다. 소그룹에 참여한 특정인을 정죄하는 모양이 되어 소그룹 활동의 위축을 초래할 수 있기 때문이다. 소그룹 안에서 특정한 잘못과 죄에 대해 분명히 지적하지 못하다 보면, 자연스럽게 신앙의 기준이 모호해지는 위험성이 존재한다. 로버트 우스나우(Robert Wuthnow)는 얼굴과 얼굴을 마주하는 소그룹 안에서는 상대방의 의견이나 감정이 틀렸다고 직접적으로 이야기하기 어렵다는 점을 지적하면서, 소그룹 안에 존재하는 이러한 위험성을 '무엇이든 괜찮아 영성'(anything-goes spirituality)이라고 부른다.[3] 또 다른 관점에서 렐리 스탁스틸(Larry Stockstill)은 신학교육을 받지 못한 평신도들이 소그룹을 인도하다 보면 '검증되지 않은 가르침'(unapproved teaching)이 전파될 가능성이 존재한다고 지적한다. 교회사를 보면, 종교개혁자 존 칼뱅(John Calvin)은 재세례파의 가정모임을 인정하지 않았는데, 그 이유 역시 '검증되지 않은 가르침'에 대한 위험성 때문이었다.

소그룹의 세 번째 장점으로, 개인의 경험이나 감정을 중요하게 여기는 소그룹은 다원화된 현대 사회에 적합한 환경이라고 지적했다. 그러나 이것 역시 부정적인 역할을 할 수 있다. 개인의 문제에 집중한 나머지 공동체나 그 너머의 사회적인 이슈를 무시하는 경향이 발생할 수 있기 때문이다. 로버트 우스나우는 이러한 위험성을 '자기 중심적 종교'(me-first religion)라고 명명하였다. 그에 따르면, 자기 중심적 종교의 특징은 기도 시간에 두드러진다. 사람들은 자신의 지극히 개인적인 기도 제목을 내어 놓고, 소그룹에 참여한 모든 사람들은 서로의 개인적인 기도 제목을 위해 기도해준다. 이때 기아, 전쟁, 불의 등 사회적이고 윤리적인 이슈는 거의 다루지 않는다. 여의도순복음교회의 구역 모델에 대한 타당성 있는 비판 가운데 하나가 '자기 중심적 종교'라는 공격이다. 오순절적인 번영신학에 근거하여 개인의 구원 및 경제적 번영만을 위해 기도할 뿐 사회적 정의를 위한 노력은 찾아보기 어렵기 때문이다.

소그룹은 방법론적인 장점을 분명히 가지고 있다. 그러나 소그룹의 장점이 의도하지 않았던 부정적인 요소로 작용할 수 있다. 소그룹의 방법론적 장점이 강력하다고 소그룹 목회가 언제나 긍정적인 효과를 가져오는 것도 아니요, 소그룹의 방법론적 장점이 부정적인 역할을 할 수 있다고 소그룹 목회의 가능성을 처음부터 부정할 수도 없다. 소그룹 목회의 방법론적 특징, 곧 장점과 단점이 동전의 양면과 같이 공존하고 있다는 사실을 먼저 인식해야 한다. 소그룹을 주도하는 목회자의 리더십에 따라, 그리고 무엇보다 소그룹을 도입한 기독교 공동체의 영성에 따라 소그룹의 방법론적인 장점이 두드러질 수도 있고 위험성이 더욱 커질 수도 있다는 사실이 중요하다. 우리에게 필요한 자세는 소그룹을 목회 활동의 중요한 방법론으로 도입하되, 그 장점은 극대화하고 그 위험성은 최소화하는 목회적 노력이다.

감리교운동과 속회

35만Km 이상의 거리를 말을 타고 여행하며 일생 4만 회 이상의 설교를 하였고 약 14만 명의 회심자를 낳았던 감리교의 창시자 존 웨슬리(John Wesley)는 개신교 역사에서 그 유례를 찾아보기 힘들 정도로 성공적인 복음 전도자였다. 그런데 최근 몇몇 학자들은 감리교의 소그룹인 '속회'(class meeting)를 중심으로 한 웨슬리의 목회 방법론을 웨슬리 부흥운동의 원동력으로 지적하고 있다. 예를 들어, 조지 헌터(George G. Hunter)는 존 웨슬리를 '교회 성장 전략가'(church growth strategist)로 묘사한다. '감리교'(Methodist)라는 이름의 기원이기도 한 웨슬리의 방법론(Wesleyan methodology)은 분명히 웨슬리 부흥운동의 핵심 원동력이었고 그 중심에는 속회가 있었다. 그러나 감리교의 속회는 웨슬리 부흥운동의 신학 및 영성과 분리되어 이해할 수 없다. 어떠한 소그룹 목회이든, 그것은 소그룹을 채택한 기독교 공동체의 영성을 반영하는 경향이 있기 때문이다. 그러므로 감리교의 속회를 체계적으로 이해하기 위해서는 먼저 웨슬리 부흥운동의 신학과 영성에 대해 알아보아야 한다.

웨슬리 신학의 특징은 개혁교회 신학과 분명한 차이를 드러내는 그의 인간론으로부터 시작된다. 아르미니안주의(Arminianism)로 표현되는 그의 인간론은 인간의 자유의지를 강조한다. 개혁주의의 '전적타락'(total depravity) 교리가 부정적 인간론을 표현한다면, 웨슬리의 아르미니안주의는 인간에게는 선을 선택할 수 있는 가능성이 조금은 남아있다는 교리다. 웨슬리는 하나님께서 신자와 불신자를 포함한 모든 인간에게 선재하는 은혜(prevenient grace)를 주셨기 때문에, 하나님께서 자신을 멸망의 자녀로 예정하셨다고 그 누구도 불평해서는 안 된다고 강조하였다. 하나님은 인간에게 구원의 능력을 주셨기에, 자신의 구원을 위해서는 하나님의 선재하는 은혜 위에 인간 스스로의 노력이 필요하다. 여기에 웨슬리의 신학과 칼뱅주의 신학 사이에 또 다른 중요한 차이점이 등장하는데, 곧 칼뱅주의가 '제한적 속죄'(limited atonement)를 주장한 데 반하여 웨슬리는 모든 인간에게 주어지는 선재하는 은혜를 강조하였다.

웨슬리 신학과 개혁주의 신학의 이러한 차이점은 구원론에 대한 차이로 이어진다. 개혁교회 신학에서는 칭의를 성화와 구분하는 데 반하여, 웨슬리는 칭의를 거듭남과 구분한다. "하나님으로부터 난 자들의 위대한 특권"이라는 설교에서 웨슬리는 칭의와 거듭남의 차이를 이렇게 설명하였다. "칭의는 상대적인 변화를 의미하는 데 반하여, 거듭남은 참된 변화를 지칭한다. 칭의가 하나님의 원수 되었던 우리가 그분의 자녀가 되는 외형적인 관계의 변화를 의미한다면, 거듭남은 죄인이었던 우리가 성도(saints)가 되는 영혼 깊은 곳의 변화를 가리킨다."4 다시 말해 개혁교회 신학에서 구원이란 거룩하다고 인정을 받는 칭의를 의미하는 것이요 그 이후에 성화의 과정이 이어지는 데 반하여, 웨슬리 신학에서는 칭의만으로는 온전한 구원을 이루지 못한 것이요 칭의 이후에 인간의 의지와 노력이 덧붙여져 온전한 거듭남에 도달해야 한다.

웨슬리 신학에 의하면, 인간의 구원은 한 순간 이루어지는 칭의의 문제가 아니라, 선재하는 하나님의 은혜 위에서 인간 내면의 참된 변화를 의미하는 거듭남으로 나아가는 하나의 과정이다. 다시 말해, 웨슬리 신학에서 '구원을 이룬다'라는 의미는 하나님께서 베푸시는 칭의의 은혜가 인간의 의지적인 노력과 결합하여 그리스도인의 완덕(Christian perfection)을 향해 나아가는 하나의 과정이요, 이것이 웨슬리 신학과 감리교 영성의 핵심이다. 이처럼 구원을 하나의 과정으로 이해하는 웨슬리 영성은 그리스도인의 완덕으로 나아가는 방법론을 중요하게 여겼다. 바로 앞의 문장에서 현대적 용어인 방법론이라는 단어를 사용했는데, 웨슬리는 이것을 '은혜의 수단'(means of grace)이라고 불렀다. 스티브 하퍼(Steve Harper)는 웨슬리 신학에서 은혜의 수단이 크게 네 가지로 나타난다고 주장한다. 곧 (1) 기도, (2) 말씀, (3) 성례전, 그리고 (4) 콘퍼런스(conference)다. 이 가운데 감리교의 소그룹인 속회는 콘퍼런스에 속한다. 웨슬리는 콘퍼런스의 중요성에 대해 이렇게 설명한다. "하나님의 방법으로 영적 각성을 일으키고 훈련을 시키지 않은 채 설교만 하는 것은 살인자를 위해 자녀를 낳는 것과 같다. … (중략) … 정규적인 모임, 훈육, 규율 및 교류가 없으면 영적 각성을 경험한 열 명 가운데 아홉 명은 더 빨리 영적 수면 상태에 빠진다."[5]

존 웨슬리는 사람이 그리스도인의 완덕으로 나아가기 위해서는 이를 뒷받침하는 목회 방법론이 중요하다는 사실을 분명하게 인식하였다. 감리교를 의미하는 영어 단어 '메소디스트'(Methodist)는 웨슬리의 이러한 생각을 잘 보여준다. 웨슬리는 감리교인들(Methodist)를 "성경의 방법론을 따르는 사람들"이라고 정의하기도 하였다. 웨슬리가 체계화했던 목회 방법론의 특징은 그가 '콘퍼런스'라고 불렀던 네 가지 모임에서 가장 두드러지게 나타난다. 네 가지 모임이란 (1) 연합신도회(society), (2) 속회(class meeting), (3) 신도반(band), 그리고 (4) 선발신도반(select society)이다.

'연합신도회'(society)는 자신의 죄악을 깨닫고 구원을 갈망하는 사람들이 구원에 이르도록 필요한 조언과 기도로 돕는 모임이다. 여기에 순회전도와 연합신도회의 역할 상의 차이가 드러난다. 순회전도는 감리교운동을 이해하지 못하는 이들을 대상으로 자신의 죄악을 깨닫고 구원을 갈망하는 영적 각성이 주된 목적이다. 그러나 웨슬리 신학에서는 하나님의 은혜를 깨닫고 거듭남을 갈망한다고 구원에 이른 것이 아니다. 연합신도회는 영적 각성은 경험하였지만, 여전히 구원을 이루기 위해 나아가야 하는 이들의 모임이다. 그러므로 웨슬리는 연합신도회에 참여하기 원하는 사람에게 단 하나의 조건을 요구하였다. "장차 올 심판으로부터 벗어나 자신의 죄로부터 구원받기 원하는 갈망"이다. 웨슬리는 자신의 기준에 근거하여 연합신도회 회원들의 참석 자격 여부를 지속해서 점검하였다. 웨슬리가 회원들의 참석 자격을 평가한 기준은 다음의 세 가지였다. (1) 악한 일을 멀리할 것 (2) 선한 일에 힘쓸 것 (3) 공예배 참석과 같은 성도의 의무를 행할 것. 처음의 두 개가 구원에 대한 내적인 갈망과 관련된다면, 마지막 세 번째 기준은 영국 교회에 대한 소속감과 연관된다고 평가할 수 있다.

연합신도회는 구원을 갈망하는 사람들이 거듭남을 경험하도록 돕는 일에 매우 성공적이었다. 그러나 규모 면에서 대형집회로 분류될 수 있는 연합신도회가 그토록 성공적일 수 있었던 중요한 이유 가운데 하나는 연합신도회 회원들이 소그룹으로 모이는 속회에 소속되어 있었기 때문이다. 속회는 영국의 부르스톨과 런던에 감리교 건물을 건축하기 위한 재원 마련의 한 방법으로 시작되었다. 모든 회원에게 매주 일 페니씩 모금하려는 목적이었다. 그러나 소그룹으로써의 속회가 지니는 폭발력을 감지한 웨슬리는 속회의 효과에 대해 다음과 같은 글을 남겼다. "지금 많은 사람이 이전에는 알지 못했던 그리스도인의 교제를 경험하고 있다. 그들은 '다른 사람의 짐을 서로 지고 있으며,' 자연스럽게 '서로를 돌보고 있다.' 그들은 날마다 더 많은 사람을 사귀며, 더 깊은 사랑과 애정을 나누고 있다."[6]

매주 모이는 '속회' 모임은 일반적으로 찬양을 부르는 것으로 시작하였다. 그리고 속회의 리더가 먼저 자신의 영적 상태와 자신의 생활에 관해 이야기한다. 그러면 다른 참석자들이 리더의 뒤를 이어 자신들의 영적 상태와 자신의 최근 생활에 관해 이야기한다. 이때 참석자들은 자신에게 찾아온 영적 유혹은 무엇이었으며, 자신이 어떻게 유혹에 넘어졌는지 혹은 어떻게 그 유혹을 이겼는지 등을 이야기한다. 이러한 진행 방식에 대하여, 마이클 헨더슨(D. Michael Henderson)은 속회의 사실주의적 특징이라고 분석한다. 당시 영국의 청교도들이 자신의 죄성을 고백하는 것을 어려워하였고 이신론자들은 인간의 죄악 된 본성을 무시하였던 것에 반하여, 감리교도들은 자신에게 찾아온 영적 유혹과 그 유혹에 넘어진 자신을 소그룹인 속회에서 숨김없이 고백했다는 설명이다. 그러므로 속회의 리더는 참석자들의 자기 고백을 통해 그들의 영적 상태를 점검할 수 있었고, 그들에게 필요한 조언과 기도로 참석자들이 그리스도인의 완덕에 이르도록 도와줄 수 있었다.

존 웨슬리는 속회의 리더에게 참석자들의 영적 상태를 점검하여 기록으로 남기게 하였는데, 그것의 이름을 "속회 기록"(class paper)이라고 불렀다. 거기에는 (1) 회원들의 이름, (2) 영적 상태, 그리고 (3) 모임의 참석 여부를 적게 되어 있었다. 영적 상태에 대해서는 네 개의 기호를 사용하였다. "a"는 "영적 각성"(awakened)을, "."는 "칭의"(justification)를, ":"는 "성화"(sanctification)를, 그리고 "?"는 "의심스러움"(doubtful)을 의미했다. 회원들의 참석 여부에 대해서는 결석한 회원에 대해 다섯 개의 기호를 사용하였다. 곧, "D"는 "거리가 멀어서"(distant), "S"는 "몸이 아파서"(sick), "B"는 "바쁜 일이 있어서"(business), "N"은 "태만해서"(neglect), 그리고 "A"는 "아무런 이유 없이"(no reason)를 의미했다. 웨슬리는 정기적으로 연합신도회를 순회하면서 속회 기록을 근거로 모든 회원을 면접하는데, 이때 신앙의 영적 진보에 있어서 의심할 바가 없는 이들에게 웨슬리의 이름으로 된 티켓을 발급해 주었다. 그리고 이 티켓은 이후 연합신도회나 속회에 참석할 수 있는 입장권이 되었다.

감리교의 속회는 은혜의 수단 가운데 하나로, 영적 각성을 경험한 사람들이 그리스도인의 완덕을 향해 나아가는 데 도움을 주는 목회 방법론이었다. 몇몇 교회 성장학자들은 속회를 중심으로 한 감리교의 소그룹 목회가 웨슬리 부흥운동의 원동력이었다고 주장한다. 그러나 웨슬리 부흥운동에서 사람들에게 영적 각성을 일으키고 감리교운동에 참여하도록 독려하는 역할은 속회가 아니라 순회전도가 주로 감당했다. 속회는 순회전도를 통해 영적 각성을 경험하고 구원을 열망하는 사람들이 그리스도인의 완덕을 향해 나아가는 과정에 초점을 두었다. 그런 점에서, 속회는 그리스도인의 완덕을 향해 나아가는 과정으로서의 웨슬리 영성이 목회적 방법론으로 표현된 하나의 형태라고 평가할 수 있다.

대형 모임으로서의 연합신도회와 소그룹으로서의 속회는 영적 각성을 경험한 이들이 그리스도인의 완덕을 향해 나가도록 돕는 감리교 목회 시스템의 중심을 구성하였다. 그러나 웨슬리는 더욱 높은 차원의 영적 성숙을 위한 모임도 구성하였다. 신도반(band)과 선발신도반(select society)이 그것이다. 웨슬리는 신도반의 의의에 대해 하나님과의 관계에서 화평을, 그리고 이웃과의 관계에서 사랑을 획득한 사람이라도 여전히 자신에게 찾아오는 유혹을 극복하기 위하여 다른 사람의 도움이 필요하기 때문이라고 주장하였다. 신도반이 특별한 목적을 위해 조직되는 경우도 있었다. 그 대표적인 예가 신앙을 잃어버린 사람들의 회복을 돕는 회개 신도반(penitent band)이다. 그러나 감리교 체계에서 신도반은 일반적으로 속회보다 높은 수준의 영적 성숙을 목적으로 하였다. 신도반은 모임의 진행 방법에 있어서 속회와 유사하지만, 그 구성 방법에는 차이가 있었다. 예컨대, 연합신도회의 모든 회원은 반드시 속회의 회원이 되어야 하지만 신도반의 회원들은 자원자들로 구성되었다. 속회는 지역을 중심으로 구성하였는데, 신도반은 성별, 결혼 여부, 나이 등을 기준으로 한 동질집단으로 구성되었다. 그리고 무엇보다 속회는 감리교 회원이 아닐지라도 두 번까지 참석의 기회가 주어졌지만, 신도반은 회원이 아니면 결코 참석을 허락 받지 못했다. 속회와 신도반의 이러한 차이는 신도반이 회원들 사이의 더욱 끈끈한 친밀감을 강조하고 있다는 점을 보여준다. 이렇듯 보다 깊은 친밀감을 강조한 이유는 감리교의 영성인 그리스도인의 완덕을 보다 높은 수준으로 추구했기 때문이다. 존 웨슬리는 신도반에서 형성되는 친밀감이 어떻게 그리스도인의 완덕에 도움이 되는지를 아래와 같이 서술한 바 있다.

믿는 사람들 사이에 형성되는 이처럼 친밀한 유대감은 크고 위대한 유익을 가져왔다. 그들은 상한 마음이 고침을 받고 죄악이 더 이상 그들을 지배하지 못하도록 서로를 위해 기도하였다. 이로써, 많은 사람들이 탈출구를 찾을 수 없었던 죄의 유혹으로부터 구원을 받았다. 그들은 가장 거룩한 믿음 위에 세워졌으며, 주님 안에서 풍성한 기쁨을 누렸다. 그들은 사랑 안에서 강해졌으며 모든 선한 일을 풍성하게 하는 사역에 효과적으로 고무되었다.[7]

신도반은 속회보다 높은 단계의 친밀감과 영적 성숙을 목적으로 하고 있지만 감리교 체계에서 최고의 단계는 아니었다. 웨슬리는 신도반과 구별되는 선발신도반을 조직하였기 때문이다. 모든 연합신도회 회원들은 자동적으로 속회의 구성원이 되었고 신도반의 회원들은 자원하는 사람들로 구성되었지만, 선발신도반은 존 웨슬리가 직접 지명한 사람만 참석할 수 있었다. 웨슬리는 선발신도반의 구성원들에 대해 이렇게 평가하였다. "그들은 높은 수준으로 성장했으며, 사랑으로써 역사하는 믿음 안에서 더욱 주의 깊으며 겸손하면서도 강하다. 그들은 이제 다른 형제들보다 뛰어나며 하나님의 빛 가운데 지속적으로 행군하며 아버지 하나님과 그의 아들 예수 그리스도와 더불어 깊은 교제를 나누고 있다."[8] 선발신도반의 참여자들은 이미 높은 수준의 영적 성숙을 경험하였기 때문에, 웨슬리는 그들에게 감리교운동이나 웨슬리 자신에 대한 의견까지도 자유롭게 개진할 수 있는 자유를 허락하였다. 뿐만 아니라, 웨슬리 자신이 선발신도반의 회원이 되어 자신의 생각이나 감정을 나누었다. 다시 말해, 웨슬리 자신을 포함하여 감리교 체계에서 가장 높은 영적 수준에 이른 사람들이 소그룹을 형성하여 성도의 교제를 나누며 서로의 영적 성숙을 지지하는 모임이 선발신도반이었다. 감리교운동의 최고 지도자였던 웨슬리 자신이 하나의 소그룹에 참여하였다는 사실은 매우 특기할만한데, 웨슬리는 선발신도반의 목적을 서술하면서 웨슬리 자신이 '자기의 마음을 털어놓기 위함'(unbosom myself)이라고 서술하기도 하였다. 마이클 헨더슨은 이에 대하여 선발신도반이 웨슬리에게 자신의 마음 깊은 것을 내어 놓을 수 있는 심리적 피난처의 역할을 하였다고 주장한다.

감리교운동의 소그룹인 속회는 다층적 구조를 갖고 있다. 다시 말해, 영적 각성을 경험하고 구원을 열망하는 사람들의 모임인 속회 외에도, 속회 모임을 통해 거듭남을 경험한 사람들의 모임인 신도반과 최고의 영적 성숙 단계에 있는 사람들의 모임인 선발신도반을 조직함으로써 최소한 세 단계에 해당하는 별도의 소그룹을 구성하였다. 존 웨슬리는 이와 같이 영적 성숙도에 따르는 다층적 구조의 소그룹 형태를 구성함으로써 모든 감리교도들이 지속적인 영적 진보를 이루도록 노력하였으며, 웨슬리 자신도 선발신도반에 소속되어 소그룹 안에서 영적 후퇴를 예방하려는 의도를 가지고 있었다. 그러므로 속회를 중심으로 한 감리교운동의 소그룹은 그리스도인의 완덕을 향해 나아가는 과정이라는 웨슬리 영성이 다층적 소그룹 시스템이라는 목회적 방법론으로 발현된 결과라고 평가할 수 있다.

순복음교회와 구역

18세기 소그룹 운동의 정점에 웨슬리 부흥운동이 있었다면, 20세기 전 세계적으로 확산된 소그룹 목회의 진앙지는 한국의 순복음교회였다. 20세기 여의도순복음교회의 급성장은 순복음 신학에 대해 비판적인 자세를 견지하였던 한국의 장로교회까지도 여의도순복음교회의 구역 모델을 채택하도록 만드는 촉매 역할을 하였다. 나아가, 조용기 목사의 영문판 저서인 『성공적인 구역』(Successful Home Cell Group) 및 여의도순복음교회의 구역 모델을 보다 체계적으로 분석한 랄프 니버(Ralph Neighbour)의 저서들을 통해 순복음교회의 구역은 한국이라는 국경을 넘어 세계적인 소그룹 운동을 견인할 수 있었다.

반복하여 강조하지만, 소그룹 목회는 그것을 채택한 기독교 공동체가 소중히 여기는 가치를 담지하기 마련이다. 그리고 이 책에서는 그 가치를 영성이라고 부른다. 그러므로 순복음교회의 구역을 체계적으로 이해하기 위해서는 구역 목회를 탄생시켰던 조용기 목사의 '사차원의 영성'을 먼저 살펴보아야 한다. 조용기 목사의 영성과 그의 신학을 조명하는 다양한 방법 가운데 하나는 조용기 목사와 여의도순복음교회의 독특한 영성을 형성한 주요한 세 가지 요소를 살펴보는 것이다. 곧 신학적 배경, 개인적이고 공동체적인 경험, 그리고 사회적이고 문화적인 환경이 각각 무엇이며 이러한 세 가지 요소가 어떻게 상호 연관성을 맺어 오순절적이고 번영신학적인 사차원의 영성을 형성하였는지를 관찰하는 방법이다. 제임스 화이트(James D. Whitehead)와 에블린 화이트(Evelyn E. Whitehead)는 『목회 방법론』(Method in Ministry)이라는 책에서 신학적 사고를 위해서는 언제나 위의 세 가지 요소가 서로 상호작용을 일으켜야 한다고 강조한 바 있다. 아울러 이 세 가지 요소는 특정 목회자의 신학과 영성을 파악하는 좋은 방법론이 되기도 한다.

첫째로 신학적 배경이다. 불교 집안에서 태어난 조용기 목사는 회심한 이후, 순복음신학교에서 공부하며 미국의 오순절 전통을 접하게 되었다. 미국의 오순절 전통은 19세기 미국에서 일어난 성결운동(holiness movement)에 그 뿌리를 두고 있지만, 동시에 성결운동과 분명히 다른 신학적 특징을 지니고 있었다. 그 신학적 특징이란 성령의 실제적인 체험을 강조하면서 방언이 성령 체험 혹은 성령 세례의 눈에 보이는 증거라는 주장이다. 미국에서 오순절운동이 처음 시작되었을 때, 오순절운동에 참여한 대부분의 지도자들이 성결운동의 배경을 가지고 있었으므로, 성령 세례의 특징으로 방언과 성결의 삶을 함께 강조하였다. 그런데 시간이 흐름에 따라 성결운동에 대한 이해 없이 오순절운동에 참여하는 사람들이 늘어났다. 자연스럽게 오순절운동 안에는 성령의 체험만을 강조한 채 성화와 성결의 과정을 무시하는 경향이 나타났다. 급기야 1910년, 저명한 오순절운동의 지도자 윌리엄 더만(William H. Durman)이 시카고 오순절집회에서 성령의 세례를 받은 사람은 이미 성화를 이루었기에 더 이상 성화의 중요성을 강조할 필요가 없다는 이른바 '완료된 사역 이론'(finished work theory)을 주장하였다. 그리고 이것은 성결운동과 분명하게 대비되는 오순절운동의 특징이 되었다. 이처럼 미국 오순절주의의 두드러진 신학적 특징은 성령 세례의 증거로 방언에 대한 강조와 동시에 성화의 중요성에 대한 부정인데, 조용기 목사는 순복음신학교에서 이러한 미국의 오순절 전통을 학습하였다.

둘째로 개인적 경험이다. 조용기 목사에게 있어 가장 중요한 목회적 경험은 그가 신학교를 졸업하고 서울 대조동 빈민촌에서 천막교회를 시작하였을 때의 경험이다. 어느 날 조용기 목사는 한 가정을 방문하여 아주머니에게 이렇게 전도하였다. "예수님 믿고 천당 갑시다."
그러자 그녀는 이렇게 대답했다. "천당? 당신이나 천당 가시오." 조용
기 목사가 다시 한번 "그러지 말고 내 말을 들어 보십시오. 예수님 믿
지 않으면 죽어서 지옥에…"라고 말하려는 순간, 그 아주머니는 이렇
게 대꾸하였다. "무엇이 어쩌고 저째? 지옥에 간다고? 이보다 더 무서
운 지옥이 어디에 있어. 당신들 예수쟁이들은 천당, 천당 하지만 천당
이 그렇게 좋거들랑 천당 부스러기라도 좀 갖다 줘. 천당 부스러기도
갖다 주지 못하면서 무슨 천당이야. 남편이라는 작자는 십 년째 술에
절어 고함이나 치고 있고, 아이들은 학교에도 못 가고 구두닦이와 소
매치기나 하며 다녀. 이곳보다 더 처참한 지옥이 있을 수 있어? 우리
집이 바로 지옥이야. 우리는 매일같이 지옥에서 살고 있다고!" 이 사건
을 비롯한 판자촌에서의 경험으로 조용기 목사는 복음서가 소개하는
예수님이 병든 사람들을 고쳐 주고 굶주린 사람들에게 먹을 것을 주
시는 분이라는 점에 집중하였고, "천국의 복음과 더불어 살아 계신 하
나님이 지금 여기서, 즉 삶의 현장에서 먹고 입고 사는 문제를 해결해
주시는 분임을 증거해야 한다는 결론에 이르게 되었다."[9] 이로써 조용
기 목사는 신학교에서 배운 오순절신학의 특징 위에 번영신학(prosperity
gospel)적인 메시지를 첨가하게 되었다.

    셋째로 사회적이고 문화적인 환경이다. 여의도순복음교회가 급성
장하였던 시기의 한국 사회는 조용기 목사의 오순절적이며 번영신학
적인 메시지가 서민들에게 쉽게 받아들여질 수 있는 사회적이고 문화

적인 환경이 조성되어 있었다. 하비 콕스(Harvey Cox)는 자신의 저서 『영성 음악 여성』(Fire from Heaven)에서 여의도순복음교회가 급성장할 수 있었던 원인으로 한국의 오순절주의가 서양의 오순절주의로부터 구별되는 독특한 특징, 곧 무속신앙을 꼽았다. 서민들이 (1) 초자연적 현상을 경험하며 (2) 질병으로부터의 고침이나 물질적 축복에 주된 강조점이 있는 무속신앙이 한국인의 깊은 정서에 심겨진 상태에서, 조용기 목사는 (1) 미국의 오순절 전통에 근거하여 성령 세례의 증거로 방언을 주장하였고 (2) 질병으로부터의 치유와 물질적 축복을 강조하는 번영신학적 메시지를 선포하였다. 다시 말해, 조용기 목사가 선포하는 순복음신앙은 한국인들의 무속적 심성과 잘 맞았다는 주장이다.

조용기 목사가 선포하는 순복음신앙이 한국인들의 심성에 깊이 호소할 수 있었던 이유에 대해 다양한 원인을 지적할 수 있지만, 그 가운데 한 가지만 첨언한다면 당시의 종교적 혼돈을 들 수 있다. 박명수 교수는 당시의 종교적 혼돈의 증거로 통일교 및 장막성전과 같은 이단 종파의 등장을 지적한다. 한국인들의 초자연적인 경험에 대한 갈망이 기존의 교회에서 채워지지 않자 사람들이 신비한 체험을 강조하는 이단 종파에 빠져들었다는 설명이다. 비록 기존 교회가 이들을 이단으로 정죄하였지만 여전히 일반 대중의 마음은 초자연적 경험을 원하였고 이러한 갈망을 채워준 곳이 여의도순복음교회를 중심으로 한 한국의 오순절교회였다.

조용기 목사는 신학교에서 성화를 중요하게 여기지 않은 채 성령의 초자연적인 체험을 강조하는 오순절 전통을 배웠으며, 대조동에서의 독특한 목회 경험을 통해 그 위에 번영신학적 메시지를 첨가하였다. 이에 더하여 그의 오순절적이고 번영신학적 메시지는 당시의 많은 한국인들에게 호응을 받으며 더욱 강화되었다. 오순절적이며 동시에 번영신학적인 조용기 목사의 신학과 영성은 사차원의 영성으로 귀결된다. 여기에서 여의도순복음교회의 소그룹인 구역에 담긴 조용기 목사의 영성을 사차원의 영성으로 명명한 것은 그의 주요 저서 가운데 하나인 『사차원의 영적 세계』(The Fourth Dimension)의 제목에서 차용한 것이다. 조용기 목사는 이 책에서 삼차원의 세계는 물질적 세계를 의미하며 사차원의 세계는 영적 세계를 의미한다고 주장한다. 그런데 사차원의 세계는 삼차원의 세계를 포괄하고 또한 통제하므로, 삼차원인 물질 세계의 축복을 받기 위해서는 사차원인 영적 세계의 언어를 사용해야 한다는 주장이다. 여기에서 사차원의 언어란 성령으로부터 임하는 상상, 바라봄, 그리고 꿈이다. 사차원의 영성이 다시 한번 보여주듯 물질세계를 지배하는 영적 세계의 언어를 강조한다는 점에서 조용기 목사의 영성은 지극히 오순절적이요, 사차원의 영적 세계를 통해 삼차원의 물질세계에서 축복을 받고자 한다는 점에서 그의 영성은 지극히 번영신학적이다.

사차원의 영성으로 요약되는 조용기 목사의 메시지는 한국전쟁이 가져온 폐허 속에서 삶의 희망을 찾기 원했던 일반 대중에게 매우 호

소력이 있었다. 그 결과 여의도순복음교회는 창립 직후부터 급성장하였다. 그러나 조용기 목사의 오순절적이고 번영신학적 메시지만으로는 교회가 성장하는 데 한계를 맞이하게 되었다. 이때 조용기 목사가 발견한 지속적인 교회 성장의 방법론이 구역이었다. 그리고 조용기 목사가 창안한 소그룹 목회인 구역에는 그의 오순절적이면서 동시에 번영신학적인 사차원의 영성이 고스란히 담겨있다.

조용기 목사가 천막교회를 시작한 것이 1958년이었는데, 그 다음해에는 출석 인원이 150명, 1960년에는 300명, 그리고 1961년에는 600명이 출석하는 교회로 성장하였다. 매년 두 배의 성장을 기록한 것이다. 출석 인원이 600명에 이르자 조용기 목사는 1964년까지 3,000명의 출석 인원을 목표로 잡았다. 당시 조용기 목사는 하나님께서 '조용기 자신을 통해' 기하급수적인 교회 성장을 이루실 것이라고, 하나님께서 '조용기 자신을 통해' 큰 무리를 축복하실 것이라고, 하나님께서 '조용기 자신을 통해' 위대한 일을 성취하실 것이라고 확신했다고 한다. 그런데 출석성도 3,000명이라는 목표에 근접했을 때, 어린 시절부터 건강상의 어려움을 겪었던 조용기 목사는 미국인 부흥사의 설교를 통역하던 중 강단에서 쓰러지고 만다. 의사는 조용기 목사에게 목회를 멈추고 쉴 것을 권고했으며 조용기 목사는 예전과 같은 강도의 사역을 더 이상 감당할 수 없었다.

하나님께서 자기 자신을 통해 교회를 부흥케 하시리라는 확신에 가득 찼던 조용기 목사는 병상에 있으면서 소그룹과 관련된 성경구절에 주목하기 시작하였다. 이 과정에서 에베소서 4장 11~12절을 근거로 목사의 역할이 성도를 온전하게 하여 성도들로 하여금 봉사의 일을 하도록 하는 것이라는 결론에 이르렀다. 이후 1978년에 출판된 『성공적 구역』에서 그는 "동서양을 막론하고 성장하지 못하는 교회는 언제나 목회자가 교회의 모든 일을 전담하는 교회"라고 썼다.[10] 이 시기에 조용기 목사는 또 하나의 중요한 관찰을 한다. 사도행전에 나타난 초대교회에 두 가지 종류의 모임이 존재했다는 것이다. 곧, 성전모임과 가정모임이다. 오순절의 성령 사건 이후, 하루에 삼천 명이 예수님을 믿었던 예루살렘 교회에서 열두 명의 사도들이 그 많은 사람들을 모두 돌볼 수는 없었고, 그 공백은 가정모임의 지도자들이 메웠다는 주장이다. 마침내 조용기 목사는 여의도순복음교회에 구역이라는 소그룹을 도입하였다. 구역은 조용기 목사의 오순절적이며 번영신학적인 메시지를 보다 효과적으로 전할 수 있는 원동력이 되었고, 여의도순복음교회는 3,000명이라는 목표를 초월하여 지속적으로 성장할 수 있었다.

조용기 목사는 여의도순복음교회의 구역을 세포(cell)로 표현하였다. 교회가 하나의 몸이라면 구역은 몸을 구성하는 작은 세포들이다. 그런데 이 비유에서 중요한 점은 살아있는 세포는 반드시 분열한다는 점이다. "우리 교회는 살아있는 몸이 되었다. 구역은 살아있는 세포이며, 사람의 몸을 구성하는 세포와 동일한 기능을 한다. 살아있는 생명

체는 세포가 자라고 분열한다. 하나의 세포는 두 개가 되고, 네 개로, 여덟 개로, 그리고 열 여섯 개로 계속 증가한다. 세포는 단지 하나가 더해지는 것이 아니라 기하학적 방식으로 증식한다. 이것이 바로 우리 교회의 구역에서 일어나는 과정이다."[11] 여의도순복음교회의 구역은 일반적으로 5~7가정으로 구성되었다. 그리고 구역 안에는 구역장과 권찰이 한 사람씩 세워지는데, 하나의 구역이 열 개의 가정으로 확대되면 권찰이 구역장의 역할을 맡으며 두 개의 구역으로 나뉘는 방식이다. 이처럼 하나의 구역이 불신자를 전도하여 구역원이 늘어나면 두 개의 구역으로 분화하는 방식을 통해 여의도순복음교회는 지속적인 교회 성장이 가능한 구조로 개편되었다.

여의도순복음교회의 구역 모임은 크게 네 가지 활동으로 구성된다. 예배, 성경공부, 친교, 그리고 전도다. 구역 모임에서 행하는 성경공부는 일곱 단계의 커리큘럼으로 구성되었는데 조용기 목사의 오중복음과 삼중축복을 순차적으로 학습할 수 있도록 작성되었다. 성경공부가 마치면 서로가 겪고 있는 개인적인 문제를 이야기하고 이를 위해 함께 기도한다. 지난번 모임에서 기도했던 것에 대한 응답을 서로 간증하기도 한다. 문제 해결을 위해 기도한 뒤에는 마음에 품고 있는 전도 대상자들을 서로 이야기하며 또 다시 태신자들을 위해 함께 기도한다. 조용기 목사는 구역 모임을 인도함에 있어서 기도 및 성경공부에는 약 20분 정도의 짧은 시간을 할애하고 그 후에 각자의 문제를 놓고 함께 기도하는 시간을 충분히 확보해야 한다는 지침을 명시하였다. 이는 구역모임에서 개인의 문제 해결을 위한 기도와 태신자를 위한 기도가 얼마나 중요한 위치에 있었는지를 단적으로 보여준다. 그러므로 여의도순복음교회의 구역 모임은 성경공부를 통해 조용기 목사의 오순절적이고 번영신학적 영성을 학습하는 시간이요, 합심 기도를 통해 조용기 목사의 오순절적이며 번영신학적 영성을 체험하는 시간으로 운영되었다. 소그룹의 위험성에 대해 로버트 우스나우는 자기중심적 종교의 특징이 합심기도 시간에 더욱 두드러진다고 지적한 바있다. 조용기 목사의 오순절적이고 번영신학적인 영성이 성결에 대한 강조를 잃어버렸다는 비판과 함께, 그의 소그룹 운영 방법에도 자기중심적 종교의 특성이 담겨 있다는 비판이 가능한 대목이다.

소그룹 목회는 소그룹을 채택한 기독교 공동체의 영성을 담지하기 마련이다. 여의도순복음교회의 구역 역시 조용기 목사의 오순절적이고 번영신학적인 사차원의 영성을 담고 있다. 아울러 여의도순복음교회의 구역은 조용기 목사가 늘 갈망하였던 교회 성장을 위한 효과적인 도구로 시작되었다. 여의도순복음교회의 구역이 갖고 있는 이와 같은 특징은 두 세기 이전 출현하였던 웨슬리 부흥운동의 속회와 비교하면 더욱 두드러진다. 비록 웨슬리의 감리교운동의 근거 위에 미국의 성결운동이 시작되었고, 미국의 성결운동으로부터 미국의 오순절운동이 발현했으며, 미국의 오순절운동을 배운 조용기 목사를 통해 한국의 오순절주의가 형성되는 일련의 역사적 연관성이 존재하지만 18세기 웨슬리 부흥운동의 영성과 20세기 한국 순복음교회의 영성 사이에는 상이한 차이점이 존재한다. 웨슬리 영성이 그리스도인의 완덕을 이루기 위한 일련의 과정에 초점을 둔데 반하여, 한국 순복음교회의 영성은 성화에 대한 강조점을 잃어버리고 그 대신 성령의 초자연적 체험과 현세적 축복 그리고 교회 성장에 주안점을 두었기 때문이다. 이러한 차이는 소그룹 운영의 방법론적 차이로 이어졌다. 웨슬리가 그리스도인의 완덕을 이루는 단계에 따라 속회, 신도반, 선발신도반이라는 다층적 구조의 소그룹을 형성하여 감리교인들로 하여금 보다 높은 단계를 지향하도록 유도한 것에 반하여, 조용기 목사는 세포분열을 통하여 무한히 증식하는 단 하나의 소그룹 형태인 구역 조직만으로 만족할 수 있었기 때문이다.

소그룹 목회의 유형들

여의도순복음교회가 구역을 통한 지속적이면서도 급격한 교회 성장을 이루어 낸 이후, 소그룹 목회는 전 세계적으로 확산되었다. 한국의 순복음교회가 세계적인 소그룹 운동의 견인차 역할을 한 것은 사실이지만, 21세기 세계적인 현상으로서의 소그룹 운동이 모두 여의도순복음교회의 구역 모델을 따라간 것은 아니다. 20세기 후반부터 다양한 기독교의 가치와 영성을 담아내는 다양한 형태의 소그룹이 등장하기 시작하였고, 그 형태 및 운영 방식 역시 다원화되었다. 셀, 순, 목장, 다락방 등 소그룹을 지칭하는 다양한 용어가 사용되기 시작한 것도

이 무렵이다. 20세기 후반부터 등장한 다양한 소그룹 목회 가운데 한국 개신교와 관련이 깊은 세 가지를 소개하면 다음과 같다.

첫째로, 구역 모델이다. 랄프 니버(Ralph Neighbour)는 여의도순복음교회의 사례에 근거하여 구역 모델을 체계화시켰을 뿐만 아니라 이를 전세계에 전파한 인물이다. 이미 살펴본 바와 같이 여의도순복음교회의 구역은 조용기 목사의 오순절적이며 번영신학적인 사차원의 영성을 담지하였고, 이와 더불어 여의도순복음교회의 지속적인 교회 성장을 위한 하나의 중요한 방법론이었다. 그런데 랄프 니버가 체계화하여 전파한 구역 모델에서는 오순절적이고 번영신학적인 영성보다는 목회적 돌봄과 전도라는 가치가 더욱 두드러진다는 차이점이 발견된다. 니버는 『목자의 가이드북』(The Shepherd's Guidebook)이라는 책에서 구역(home cell groups)을 "교회 조직의 지도와 권위 아래에 있는 소그룹 모임 형태를 묘사하는 일반적인 용어"라고 정의하는데,[12] 이 정의에서 중요한 것은 구역이 교회 조직의 지도와 권위 아래에 놓여 있다는 점이다. 구역 모델에서 하나의 교구를 형성하는 약 25개의 구역은 교구 담당 목사의 지도를 받으며, 교구 담당 목사들은 담임 목사의 권위 아래에서 지도를 받는 일련의 위계질서가 존재한다.

여의도순복음교회의 모델을 따르는 G12의 경우는 12라는 숫자에 집중한다. 한 사람이 열두 명의 제자군을 지도하고 각각의 제자들은 또 다시 열두 명의 제자군을 지도하는 형태이다. 이 경우에도 소그룹이 교회 조직의 지도와 권위 아래에 있다는 점과 그로 말미암은 일련의 위계질서가 형성된다는 점에서 구역 모델과의 연관성이 발견된다. 구역 체제에서는 아무리 오랜 시간이 흐르고 구역의 참여자들이 늘어나 여러 차례 분화할지라도 여전히 교구 목사의 권위 아래에서 지도를 받는 하나의 구역으로 남게 된다. 이는 구역 모델이 추구하는 가장 중요한 가치가 목회적 돌봄과 전도이기에 그 외의 다른 가치를 지향하는 소그룹의 필요성을 느끼지 못하기 때문이다. 구역이라는 용어는 조용기 목사의 영문판 저서에서 'home cell groups'으로 번역되어 전세계에 소개되었다. 여기에서 소그룹의 단위를 지칭하는 셀(cell)이라는 용어가 파생되었으니 셀은 구역의 또 다른 이름이다. 구역이나 셀이라고 부르든 혹은 다른 이름으로 부르든 소그룹이 추구하는 영성이나 가치가 목회적 돌봄과 전도에 초점을 맞춘다면, 그리고 모든 소그룹이 교회 조직의 지도와 권위 아래에 있다면 그러한 소그룹은 넓은 의미에서 구역 모델로 평가할 수 있다.

한국 개신교는 대부분 구역 모델을 받아들이고 있다. 교회마다 구역이라는 용어를 새로운 단어로 대체하는 움직임이 있지만 용어가 바뀐다고 소그룹 목회의 모델이 달라지는 것은 아니다. 소그룹이 아무리 분화해도 여전히 담임 목사의 권위 아래에 놓여 있는 구역 모델의 형태에서 크게 벗어나지 못하기 때문이다. 이 지점에서 한국 개신교가 실제로 추구하는 가치가 무엇인지를 소그룹 목회의 관점에서 평가할 수 있다. 한국의 장로교회는 조용기 목사와 여의도순복음교회의 오순절적이며 번영신학적 영성을 거부한다고 주장한다. 그러면 지금까지 이 책에서 주장해온 명제, 곧 소그룹 목회는 그것을 채택한 기독교 공동체가 추구하는 가치와 영성을 담지하기 마련이라는 주장은 틀린 것인가? 오히려 그 반대다. 이 책이 주장하는 소그룹과 영성의 관계에 대한 명제가 틀린 것이 아니라, 한국의 장로교회가 겉으로는 오순절적이고 번영신학적인 조용기 목사의 영성을 거부한다고 말하지만 실제로는 여의도순복음교회의 구역 모델을 채택하며 그들이 추구하는 가치에 최고의 우선순위를 두고 있다고 평가할 수 있다. 대부분의 한국 장로교회가 구역 모델을 따라가는 현상은 비록 오순절적이며 번영신학적 영성은 거부하더라도 목회적 돌봄과 전도, 곧 목회적 차원에서 교회 성장이라는 가치를 목회의 최고 우선순위에 두고 있다는 분명한 증거다.

둘째로, 메타 모델(Meta model)이다. 메타 모델의 주창자인 칼 조지(Carl George) 역시 여의도순복음교회의 구역을 연구하면서 자신의 소그룹에 대한 이론을 세웠다. 1991년 출판한 그의 첫 번째 책인 『당신의 교회 미래를 준비하라』(Prepare Your Church for the Future)는 여의도순복음교회의 구역 모델과 크게 다르지 않았다. 그러나 칼 조지는 여의도순복음교회 외에도 윌로크릭교회, 새들백교회, 그리고 새희망교회 등 미국의 몇몇 성장하는 교회를 연구하면서 구역 모델과는 분명히 구별되는 메타 모델을 창안하기에 이른다. 그의 두 번째 책인 『다가오는 교회 혁명』 (The Coming Church Revolution)에서 칼 조지는 세계적으로 부흥하는 교회는 목회적 돌봄과 전도 외에 리더십 계발에 초점을 맞춘다고 역설하였다. 칼 조지에게 가장 중요한 목회적 가치는 평신도의 사역 리더십을 계발하는 것이다. 그러므로 메타 모델에서는 목회적 돌봄과 전도에 주안점을 두는 구역 외에 목회의 다양한 사역을 감당하는 팀을 구성한다. 예를 들어, 찬양팀, 안내팀, 주차관리팀 등이다. 그리고 사역 팀의 리더십을 목회자 중심에서 평신도 중심으로 이양함으로써 평신도의 리더십 계발을 촉진한다. 한국에서 메타 모델의 실례를 찾는다면 온누리교회를 꼽을 수 있다. 미국 윌로크릭교회로부터 많은 통찰력을 얻은 온누리교회는 목회적 돌봄과 전도에 초점을 두는 순 외에 다양한 사역팀을 구성하고 사역팀의 리더십을 안수집사급 평신도들이 발휘한다. 그러나 한국 개신교에서 메타 모델의 영향력은 구역 모델에 비하여 여전히 미비하다고 할 수 있다. 그 이유는 적지 않은 교회가 다양한 사역팀을 구성하고 있지만 대부분의 목회자들이 목회 사역의 리더십을 평신도에게 이양하는 것을 꺼리고 있기 때문이다.

셋째로, 가정교회다. 구역 모델에서 가장 중요한 가치가 목회적 돌봄과 전도요, 메타 모델이 강조하는 가치가 평신도의 목회 사역 리더십이라면, 가정교회운동의 주창자들이 추구하는 최고의 가치는 예수 그리스도를 따르는 제자도이다. 그런데 가정교회운동의 세계적인 지도자인 닐 콜(Neil Cole)에 따르면, 예수 그리스도를 따르는 제자도를 형성하는데 가장 큰 방해물 가운데 하나가 교회의 건물이나 목회 행정에 집중하는 현상이다. 그는 『오가닉 처치』(Organic Church)라는 책에서 조직화되고 기구화 되어버린 교회는 신약시대 교회의 핵심을 잃어버렸다고 단언한다. 그는 교회에 대한 다음의 여섯 가지 진리를 서술한다. (1) 교회는 살아있는 유기체이지 부동의 기구가 아니다. (2) 교회는 건물 이상의 그 무엇이다. (3) 교회는 한 장소에 국한될 수 있는 그 무엇이 아니다. (4) 교회는 일주일에 한 시간 드리는 예배 이상의 그 무엇이다. (5) 하나님의 나라는 분산되기(decentralized) 마련이지만 사람들은 집중화(centralize)하려는 경향이 있다. (6) 우리 각자가 하나님의 성전이며 동시에 우리가 함께 하나님의 성전이다.[13] 그러므로 가정교회에서는 건물이나 행정 중심의 조직인 교회를 거부하고 예수 그리스도를 따르는 제자도가 살아있는 소그룹 자체를 하나의 교회로 인정한다. 가정교회에서는 "우리는 교회를 출석하지 않는다. 우리가 곧 교회이다"라고 선언한다. 예수 그리스도를 따르는 제자도가 살아있는 소그룹이라면 그것은 하나의 독립된, 그리고 완전한 교회라는 주장이다. 조엘 초미스키(Joel Comiskey)는 가정교회의 특징을 구조적인 측면에서 지적한다. 곧, 일반적인 소그룹 목회는 소그룹을 관장하는 상부구조가 있지만 가정교회는 그들을 관장하는 상부구조가 없다는 분석이다. 실제로 닐 콜은 자신이 시작한 가정교회가 몇 개나 운영되고 있는지 정확히 파악하지 못하고 있었다. 이는 닐 콜의 지도력으로부터 각각의 가정교회들이 완전히 이탈하였음을 보여준다.

한국 개신교에 가정교회 모델이 영향력을 발휘하기 시작한 데에는 휴스턴서울침례교회의 역할이 주요했다. 마치 여의도순복음교회의 급

성장이 구역에 대한 관심을 불러일으켰듯, 휴스턴서울침례교회의 급성
장과 그 교회가 채택한 가정교회 모델이 한국 개신교에 소개되면서 한
국의 적지 않은 교회들이 가정교회 모델을 받아들이기 시작하였다. 그
러나 장로교회가 다수를 차지하는 한국 개신교회는 평신도로만 구성
된 소그룹을 하나의 온전한 교회로 인정하는 가정교회를 강도 높게
비판하였다. 가정교회를 비판하는 장로교회의 주된 논거는 교회론이
다. 칼뱅은 교회의 표지로서 말씀 선포와 성례를 주장하였는데 평신
도들로만 구성된 가정교회에서는 말씀 선포와 성례가 충분할 수 없다
는 논리다. 이러한 논리의 근원을 거슬러 올라가면, 전문적인 신학교
육을 받지 않은 평신도들만의 모임으로는 성경에 대한 바른 해석과 성
례의 온전한 집례가 불가능하다는 부정적 인간론이 놓여 있다. 이것
역시 전적 타락을 주장하는 칼뱅주의와 궤를 같이하는 것으로 장로교
회가 다수를 치지하는 한국 개신교에서는 가정교회 모델이 뿌리내리
기 어렵다는 현실을 보여준다. 실제로, 한국 개신교에서 가정교회 모
델의 영향력은 점차 약해지고 있다.

　라드 뎀시(Rod Dempsey)는 소그룹과 교회의 관계를 세 가지로 구분한
다. 첫째로, "with" 모델은 소그룹이 목회의 다양한 사역 가운데 하나
로 그 중요성이 크게 부각되지 않는 형태이다. "with" 모델의 정반대에
해당하는 것이 "is"모델이다. "is" 모델은 소그룹이 곧 하나의 독립된
교회가 되는 형태를 말한다. "is" 모델에서는 소그룹이 하나의 온전한
교회이기에 교회의 역할인 예배, 교육, 친교, 봉사, 그리고 전도가 하나

의 소그룹에서도 모두 실현될 수 있다고 주장한다. 끝으로 "with"모델과 "is" 모델의 중간 형태가 "of"모델이다. 라드 뎀시의 구분법을 위에서 소개한 세 가지 소그룹 목회의 모델과 비교해보면 아래의 표와 같다. 곧, "with" 모델은 랄프 니버의 구역 모델과 유사하며, "of" 모델은 칼 조지의 메타 모델과 비슷하고, "is" 모델은 닐 콜의 가정교회와 흡사하다.

	with 모델	of 모델	is 모델
유형	구역 모델	메타 모델	가정교회
교회와 소그룹	A Church WITH Small Gruops	A Church OF Small Groups	The Church IS Small Groups
핵심가치(영성)	전도와 돌봄	평신도의 사역 리더십	제자도

　소그룹 목회는 그것을 채택한 기독교 공동체의 영성을 반영하기 마련이다. 구역 모델의 영성과 가치는 목회적 돌봄과 전도에 있으며, 이를 위한 소그룹인 구역은 교회의 권위와 지도 아래 놓여 지속적인 목회적 돌봄이 가능하도록 하였다. 메타 모델의 영성과 가치는 평신도의 목회 사역 리더십에 있으므로 목회적 돌봄과 전도에 초점을 두는 구역 외에 다양한 사역팀을 구성한다. 그런데 기정교회의 영성과 가치는 예수 그리스도를 따르는 제자도이기에 제자도를 형성하는 데 방해가 된다고 판단했던 건물이나 조직으로서의 교회를 거부하고 소그룹을 하나의 완전한 교회로 인정한다. 상술한 바와 같이, 한국 개신교에서는 위의 세 가지 유형이 모두 나름대로의 영향력을 발휘하는 가운

데 구역 모델이 지배적인 위치를 차지하고 있다. 이와 같은 현상은 대부분의 한국 교회가 여전히 소그룹을 구역이라는 이름으로 부르고 있다는 사실에서도 드러난다. 그리고 대부분의 한국 개신교회가 여전히 구역 모델을 따르고 있다는 사실은 한국 개신교회가 중요하게 여기는 가치가 평신도의 리더십 계발이나 예수 그리스도를 따르는 제자도보다는 목회적 돌봄과 전도에 맞춰져 있다는 사실을 역으로 보여준다.

개혁교회의 소그룹 목회

지금까지 감리교운동의 속회와 여의도순복음교회의 구역을 비롯하여 한국 개신교에 많은 영향을 미친 소그룹 모델을 살펴보았다. 여러 유형의 소그룹 목회를 연구할수록, 소그룹은 그것을 채택한 기독교 공동체의 영성을 담지하기 마련이라는 사실이 더욱 분명해진다. 소그룹과 영성의 이러한 관계는 시대의 흐름 속에서도 변하지 않는 소그룹 목회의 기본 원리다. 그러면 기독교 역사에서 한국 개신교의 주류를 차지하는 장로교회 혹은 개혁교회의 전통과 영성을 담지했던 소그룹 목회는 없을까? 개혁교회 전통에서도 여러 차례의 중요한 소그룹 목회를 찾아볼 수 있다. 청교도 지도자 중의 한 명이었던 리처드 백스터(Richard Baxter)는 매주 모이는 두 개의 소그룹을 직접 인도하였다. 하나는 지난 주일 설교에 대해 이야기를 나누며 기도하는 그룹이요, 또 하나는 청년들과 기도하는 모임이었다. 개혁교회 전통에서 성공적인 소그룹 목회를 펼쳤던 또 하나의 역사적인 실례는 조나단 에드워즈 (Jonathan Edwards)의 부흥운동에서 발견할 수 있다. 청교도들이 신대륙에 정착한 때부터 주로 목요일 저녁에 기도 모임이 있었다. 그러나 시간이 흐르면서 기도 모임은 점차 그 정신이 희미해졌다. 그러던 중 뉴샘프턴에 부흥의 물결이 일어나자, 조나단 에드워즈는 목요일 저녁시간을 이용하여 개인의 신앙 성장을 위한 작은 소그룹 모임을 시작하였다. 에드워즈의 전기작가인 조지 마즈던은 그때의 일을 이렇게 서술하였다. "더 작고 개인적인 신앙 모임들을 조직하도록 주민들을 설득함으로써 에드워즈는 청교도 운동의 기본적인 요소 가운데 하나를 부활시켰다. … (중략) … 평신도 모임의 부활은 노샘프턴 대각성을 청교도주의뿐 아니라 당대의 영국과 유럽 경건주의의 부흥과 묶어 주었다. 18세기 초 개신교 세계 전역에 걸친 부흥은 평신도 기도 모임의 회복으로 특징지어졌다."[14] 개혁교회 안에 이와 같은 소그룹 목회가 등장하였지만, 웨슬리의 감리교운동이나 그 뒤에 일어난 성결운동과 오순절운동의 신학적 흐름을 따르는 순복음교회와 비교하면 개혁교회에서는 소그룹 목회가 크게 활성화되지 못한 것이 사실이다.

개혁교회에서 소그룹에 대한 전통을 찾아보기 어려운 역사적 배경 가운데 하나는 재세례파에 대한 칼뱅의 비판이었다. 16세기에 활동하였던 콘라드 그레벨(Conrad Grebel)이나 펠릭스 만츠(Felix Mantz)를 비롯한 재세례파들은 개인 가정에 모여 성경을 공부하기 시작하였다. 그들은 나름대로의 성경공부를 근거로 유아세례는 성경적이지 못하며 세례는 성인이 자신의 믿음을 고백할 때에만 주어져야 한다는 결론에 이르렀고, 그레벨은 만츠의 집에서 이미 유아세례를 받은 조지(George)라는 사람에게 다시 세례를 주었다. 칼뱅은 유아세례를 성경적이라고 인정하면서 재세례파를 교회의 일치를 파괴하는 분리주의자들이라고 정죄하였다. 칼뱅의 비판에 의하면, 재세례파의 행태는 아우구스티누스 시대에 도나투스주의자들이 범했던 잘못, 곧 "그리스도의 양떼를 흩으는 일"과 동일하였다.[15] 칼뱅은 재세례파의 출현을 목격하면서 소수의 사람들이 개인 가정에서 사적으로 성경을 읽고 공부하는 것은 검증되지 않은 가르침이 확산될 위험성이 있음을 강하게 인식하였다. 그리고 이것은 평신도가 리더십을 발휘하는 소그룹이 개혁교회 전통에서 쉽게 발견되지 않는 역사적 배경이 되었다.

종교개혁자 루터 역시 재세례파의 독단적 자세를 공격하였다. 그리고 재세례파에 대한 루터의 비판 역시 그들이 가정에서 모이는 모임, 곧 소그룹에 대한 비판으로 이어졌다. 다음은 재세례파에 대한 루터의 글이다. "몇몇 바리새파적 정신을 소유한 사람들은 그들의 작은 모임이 곧 교회이며, 그 모임에 소속되지 않은 모든 사람은 저주를 받는다고 믿는다. 내게 들리는 루머를 믿을 수 있다면, 이러한 일은 이미 일어나고 있다. 확실히 잘못된 길로 나아간 형제들이 재세례를 베풀고 있다. 그들은 하나님의 집을 슬그머니 빠져나가 다양한 동굴과 구석에서 다른 이탈자들과 만나고 있다. 그들은 그들만이 참된 그리스도인이라고 선언하면서 부당한 모든 것으로부터 스스로를 분리시켜야 한다고 가르친다." 이처럼 루터와 칼뱅은 재세례파의 소그룹 모임이 교회의 연합을 파괴한다고 생각했다.

소그룹 목회에 대한 개혁 신학의 부정적인 자세는 개혁 신학의 인간론과도 연관성이 있다. 소그룹 목회에 대하여 긍정적인 자세를 견지하기 위해서는 전문적인 신학 교육을 받지 않은 평신도가 이끄는 소그룹 모임이 대체적으로 성경적으로나 신학적으로 건전한 결론에 이를 수 있다는 인간에 대한 긍정적인 믿음, 곧 긍정적 인간론이 전제되어야 한다. 하나님의 선행하는 은혜가 신자든 불신자든 상관없이 모든 사람에게 주어졌고, 선행하는 은혜 위에 인간의 노력이 더해진다면 그리스도인의 완덕(Christian Perfection)에 이를 수 있다는 긍정적 인간론을 견지하였던 웨슬리의 부흥운동에서 속회라는 소그룹 전통이 발현되었던 것 역시 우연이 아니다. 그런데 웨슬리의 인간론과 대비되는 개혁교회의 인간론은 인간에 대한 부정적인 자세를 표현한다. 그 대표적인 가르침이 전적 타락이다. 아담의 타락 이후 모든 인간은 선을 선택할 수 있는 능력이 전혀 없다는 아우구스티누스의 입장을 지지하는 개혁교회의 신학으로는 평신도들이 인도하는 소그룹이 건전한 신학적 결론과 선한 열매를 맺으리라고 기대하기 어렵다. 더욱이 20세기 소그룹 운동의 진앙지가 되었던 여의도순복음교회의 구역이 오순절적이며 번영신학적인 영성을 담지하였다는 점을 감안하면, 개혁교회의 입장에서는 소그룹에 대한 가능성보다는 위험성에 더 비중을 둘 개연성이 높다. 결과적으로 개혁교회 신학은 평신도가 인도하는 소그룹의 가능성보다는 위험성에 더욱 무게를 두기 마련이다.

한국 교회에서 소그룹 목회와 관련하여 흔히 일어나는 오류 한 가지를 지적하고자 한다. 평신도 중심의 소그룹은 긍정적 인간론과 그 궤를 같이한다고 상술하였다. 그런데 교회의 소그룹 목회가 활성화되기를 원하여 다양한 소그룹 프로그램을 도입하면서도 원하는 효과를 보지 못하는 경우가 많다. 이때 목회자는 자신의 신학적 인간론이 무엇인지 고찰해 보아야 한다. 평신도 중심의 소그룹을 조직하였지만 성도들을 바라보는 자신의 관점이 아르미니안주의보다는 개혁교회 전통에 가까워 평신도들에게 소그룹 목회의 리더십을 충분히 이양하지 못하는 경우가 많기 때문이다. 장로교회가 큰 비중을 차지하는 한국 교회에서는 이러한 사례가 생각보다 많다. 한 마디로, 성도들을 바라보는 담임 목사의 관점이 소그룹 목회라는 방법론과 어긋나는 경우다.

그렇다면 소그룹은 개혁교회의 신학적 전통과 양립이 불가능한가? 개혁신학을 표방하는 한국의 모든 장로교회는 소그룹을 거부해야 하는가? 나 역시 장로교 목사로서 이에 대한 해법을 찾기 위해 많이 고심하였다. 그리고 다시금 칼뱅의 목회를 살펴보았다. 상술한 바와 같이, 칼뱅은 재세례파가 개인의 가정에서 사적으로 모이는 것이 위험하다고 생각하였다. 그러나 성도들이 서로를 격려하고 힘이 되어주는 기독교 공동체의 역할까지 거부한 것은 아니다. 오히려 그는 신자의 어머니 역할을 하는 교회를 강조하면서 교회의 보호와 돌봄을 받지 않고는 그 누구도 생명의 길에 이를 수 없다고 주장하였다. 그가 지적한 교회의 역할에는 성도들 사이의 상호 돌봄(mutual care)도 포함된다. 비록 가정에서의 사적 모임은 반대하였지만 성도들 사이의 상호 돌봄의 필요성을 인식하였던 칼뱅은 공적인 장소에서 모이는 목회자들의 모임은 오히려 지지하였다. 16세기 종교개혁이 일어나던 당시, 취리히에는 프로페짜이(Prophezei)라는 이름의 성경연구 모임이 있었다. 슈트라스부르에서도 취리히의 프로페짜이와 유사한 성경연구 콘퍼런스가 있었다. 그리고 칼뱅 역시 목회자들이 지속적으로 만나 함께 성경을 공부하는 모임을 콘그리게이션(congregation)이라는 이름으로 조직하였다. 칼뱅이 기록한 『교회 규정』(Draft Ecclesiastical Ordinances)에는 콘그리게이션의 목적을 다음과 같이 서술하였다. "목회자들 사이에 교리의 순수성과 일치를 유지하기 위하여, 모든 목회자들이 매주 특정한 시간에 함께 모여 성경에 대해 토론하는 것이 적절할 것이다. 합당한 이유가 없이는 그 누구도 예외가 되어서는 안 된다. 만일 누군가 이 모임에 태만해지면 그는 책망을 받아야 한다."[16] 콘그리게이션에서는 목회자 각자가 성경을 연구한 뒤 함께 모여 성경에 대해 토론하면서 상호 학습이 가능하도록 하였고, 제네바의 목회자들은 매주 금요일을 함께 모여 성경을 토론하는 데 할애하였다. 최대 십여 명의 사람들이 모이는 현대적 소그룹의 관점에서 볼 때, 칼뱅이 제안하였던 제네바 목회자들의 콘그리게이션은 규모 면에서 소그룹에 해당한다고 보기 어렵다. 그러나 소그룹이 가지는 장점들 가운데 상호 돌봄과 상호 학습이 중요한 요소라면 칼뱅의 콘그리게이션은 소그룹의 주요한 특징을 지니고 있다. 그러므로 칼뱅은 신학교육을 받지 않은 평신도들의 인도로 개인 가정에서 모이는 사적 소그룹은 반대하였지만, 신학교육을 받은 목회자들이 공적인 장소에서 함께 성경을 공부하고 토론하는 모임은 지지하였다. 여기에 한 가지 사실을 덧붙이자면, 칼뱅이 목회자들의 자유로운 토론 모임을 허락하고 제안하였지만 콘그리게이션은 개혁주의 인간론에 근거하여 언제나 회개로부터 시작했다는 점이다. 칼뱅은 콘그리게이션에서 사용할 회개의 기도문을 작성하기도 했다.

만일 칼뱅의 교회론과 그가 제안했던 콘그리게이션이 현대적 의미의 소그룹을 지지한다면, 개혁교회의 소그룹이 지향해야 하는 소그룹 영성의 특징이 분명해진다. 개혁교회의 소그룹은 개혁교회의 영성인 경건에 초점을 맞춰야 한다. 개혁교회가 추구하는 영성인 경건이란 하나님에 대한 바른 지식에 근거하여 그분을 경외하고 또한 즐거워하는 것을 말한다. 팬데믹의 시대를 보내며 소그룹 목회의 종류와 방법이 제아무리 변화되어도 개혁교회의 소그룹 목회가 경건 훈련에 초점을 맞추어야 한다는 사실은 바뀌지 않는다. 팬데믹 시대에 새롭게 등장한 다양한 방법론을 동원하더라도 여의도순복음교회의 구역은 오순절적이며 번영신학적 영성을 반영하는 것과 마찬가지다. 팬데믹 시대에 수많은 목회적 변형이 진행되고 있지만, 랄프 니버(Ralph Neibough)가 체계화한 구역 모델도 목회적 돌봄과 전도에 중요한 가치를 부여한다는 점은 변하지 않는다. 그것은 소그룹과 영성의 변하지 않는 원리이기 때문이다. 그리고 여의도순복음교회의 구역에 내재되어 있는 번영신학적 사차원의 영성이나 랄프 니버의 구역 모델이 추구하는 목회적 돌봄과 전도는 개혁교회 소그룹이 추구하는 최고의 가치가 될 수 없다. 개혁교회의 소그룹 목회와 구역 모델 사이에 존재하는 영성과 가치에 대한 이러한 차이는 소그룹이 초점을 맞추는 참석자의 차이로 이어진다. 목회적 돌봄과 전도는 주로 평신도, 그것도 초신자에게 초점을 맞출 수밖에 없지만 경건의 훈련에 강조점이 있는 개혁교회의 소그룹에서는 초신자만이 아니라 이미 복음을 믿어 신자가 된 사람들이 지속적인 경건의 훈련에 임할 수 있도록 서로를 지지하는 모임이 되어야 하기 때문이다.

개혁교회의 소그룹을 감리교운동의 속회와 비교하면 전략적 차이점도 분명히 드러난다. 이미 지적한 바와 같이, 웨슬리 신학과 개혁 신학 사이에는 인간론적 차이가 존재한다. 다시 말해, 인간에 대해 긍정적인 관점을 견지하였던 웨슬리는 신학 교육을 받지 않은 평신도들이 함께 모여 신앙에 대해 자유롭게 토론하는 속회를 조직했지만, 인간에 대해 부정적인 관점을 가지고 있었던 칼뱅은 신학교육을 받은 목회자들만이 콘그리게이션에서 자유롭게 성경에 대해 토론할 수 있는 자유를 주었다. 인간론으로부터 비롯된 이와 같은 차이는 전략적 차이로 나아간다. 위에서부터 아래로(Top-Down)의 전략과 아래로부터 위로(Bottom-Up)의 전략이다. 옥스퍼드에서 홀리클럽(Holy Club)이라는 이름으로 엘리트들의 모임을 조직한 바 있었던 웨슬리는 역설적으로 아래로부터 위로의 전략을 선택하였다. 대부분이 문맹이었던 당시의 일반 대중을 주된 대상으로 사역함으로써 보다 빨리 교회의 각성을 촉구하려던 전략이었다. 그러나 칼뱅은 제네바 아카데미와 콘그리게이션을 통해 목회자들의 교육에 힘을 다하였고, 그들을 통해 일반 대중에게 개혁교회의 영성을 전파하려는 위에서부터 아래로의 전략은 선택하였다. 이처럼 개혁교회의 전통에서 본다면 목회자들의 소그룹이 매우 중요한 의미를 지니게 된다.

대부분의 한국 개신교회는 여의도순복음교회의 구역 모델에 익숙하여 소그룹을 초신자와 평신도에게 목회적 돌봄을 제공하는 수단으로만 인식하는 경향이 있다. 그러나 소그룹은 그것을 채택한 기독교 공동체의 영성을 반영하기 마련이며, 개혁교회의 영성은 경건으로 표현될 수 있다. 그러므로 개혁교회의 전통을 따르는 장로교회라면 조용기 목사의 오순절적이고 번영신학적 영성이나 랄프 니버가 주장하는 목회적 돌봄과 전도의 가치를 뛰어넘어, 소그룹의 초점을 초신자를 포함한 평신도는 물론이요 목회자들까지도 참여하는 경건의 훈련에 맞춰야 할 것이다.

[소그룹 프로그램] 개혁교회 목회자 소그룹

개혁교회의 영성인 경건을 추구하는 소그룹 프로그램을 팬데믹 시대에 맞게 재구성한다면 어떠한 모습이 될까? 그리고 그 소그룹의 특징은 무엇일까? 개혁교회의 전통을 웨슬리의 감리교운동과 비교하면 전략적 차이가 드러난다. 단순히 말해, 존 웨슬리가 '아래로부터 위로'의 전략을 선택하였다면, 칼뱅의 전략은 '위로부터 아래로'라고 평가할 수 있다. 그리고 개혁교회의 이러한 특징을 분명하게 보여줄 수 있는 소그룹 프로그램 가운데 하나는 목회자 소그룹이다. 구역 모델을 주로 따르는 한국 개신교에서는 목회자들이 소그룹에 참여하지 않은 채 성도들에게 소그룹 참여를 요청한다. 이는 구역 모델이 추구하는 가치인 목회적 돌봄과 전도의 일차적 대상이 목회자가 아닌 평신도이기 때문이다. 그러나 개혁교회의 영성인 경건은 목회자를 포함한 모든 성도들이 지속적으로 훈련해야 할 덕목이다. 그러므로 경건을 주제로 한 목회자들의 소그룹은 개혁교회의 전통을 우리 시대의 소그룹 활동으로 표현한 프로그램이 될 수 있다.

여기에서 소개하는 소그룹 프로그램은 목회자들의 소그룹이기에 찬송과 기도의 순서, 심지어 성경 본문도 별도로 선정하지 않았다. 프로그램 자체에 굳이 기도 제목과 찬양곡을 정해주지 않아도 참여하는 목회자들이 자연스럽게 찬송도 부르고 기도도 할 수 있다고 여기기 때문이다. 무엇보다 성경 본문 대신 개혁교회의 영성인 경건에 대한 주제를 간략히 소개하는 글을 첨가하였다. 한두 구절에 얽매이지 않고 보다 자유롭게 자신의 의견을 토의할 수 있도록 하기 위함이다. 목회자 소그룹은 공부가 아니라 토의가 되어야 한다. 그런 점에서 경건에 대한 짧은 개요와 함께 모임을 이끌어가는 질문을 제시하였다. 토론을 위한 열린 질문은 목회자 소그룹의 가장 중요한 요소다. 질문은 '의견을 나누기 위한 질문'과 '적용을 위한 질문'으로 구성하였다. 목회자 소그룹을 실제로 진행하면 이 두 가지의 구분이 모호해지는 경우가 많다. 그럼에도 불구하고 굳이 의견과 적용이라는 구분을 둔 이유는 목회자들의 토의가 궁극적으로는 자기 자신과 목회 현장의 적용이 되어야 한다는 점을 강조하기 위함이다.

여기에서 소개하는 소그룹 프로그램은 사전에 친분이 있는 목회자들을 중심으로 진행하기를 추천한다. 서로에 대한 정보나 신뢰가 있을 때 더 깊은 대화가 가능하기 때문이다. 실제로 함께 유학했던 목회자 그룹, 같은 교회에서 사역하는 목회자 그룹을 비롯하여 가까운 지인들과 이 프로그램을 진행해보았고 결과는 만족스러웠다. 경건이라는 주제로 진행한 목회자 소그룹은 개혁교회 목회자라는 자기 정체성과 목회 현장에 대한 심도 깊은 성찰을 충분히 촉진하였다.

첫번째 만남. "목회자의 영적 여정"

장로교회(Reformed Churches)의 영성은 주로 '경건'(Piety)이라는 이름으로 표현됩니다. 칼뱅은 경건에 대해 "하나님의 은혜에 대한 지식으로부터 시작된 하나님을 향한 사랑과 경외심"이라고 정의하였지요(기독교강요, 1.2.1.). 다시 말해, 경건이란 하나님에 대한 지식을 고양하여 그분을 더욱 사랑하고 경외하는 것입니다. 칼뱅은 제네바 시민들의 경건 훈련을 위해 최선을 다했지만 그 누구도 경건의 이상적인 단계를 실현할 수 있다고는 생각하지 않았습니다. 그런 점에서, 장로교회 영성의 핵심인 경건은 완전한 상태가 아니라 경건의 완성을 위해 지속적으로 나아가는 영적 여정(Spiritual Journey)을 의미합니다.

경건이 지속적인 영적 여정의 과정이라면 평신도만이 아니라 장로교 목회자들 역시 끝없는 영적 여정의 길을 걸어가야 마땅합니다. 영적 여정의 과정에는 두 가지 장애물이 언제나 버티고 서 있습니다. 그 하나는 우리 안에 있는 죄를 범하려는 유혹이며, 또 하나는 우리를 둘러싼 세상의 유혹입니다. 이 두 가지 유혹이 목회자를 제외한 평신도들에게만 걸림돌이 되는 것은 아닙니다. 목회자이기에 경건의 완성 단계에 이미 이르렀다는 착각, 평신도보다 내적으로나 외적으로 유혹이 적을 것이라는 안이함, 그리고 훈련을 받는 자리보다는 다른 사람을 가르치는 자리에 대한 익숙함이 오히려 우리 목회자들로 하여금 더 많은 유혹에 무방비 상태로 방치되도록 하고 있는지도 모릅니다.

···▸ 의견을 나누기 위한 질문

1. 위의 짧은 글에 대한 여러분의 의견은 무엇입니까?

   (동의, 반대, 첨언 등)

2. 목회자의 경건과 관련하여 모범적인 사례 혹은 안타까운 사례를 경험한 적이 있습니까?

3. 한국 교회 목회자의 영적 성숙과 경건을 방해하는 내적/외적 유혹에는 어떠한 것이 있을까요?

···▸ 적용을 위한 질문

1. 나 자신에게 있어서 영적 성숙과 경건을 방해하는 내적/외적 유혹은 무엇입니까?

2. 나 자신의 영적 성숙과 경건을 위해 우리는 무엇을 할 수 있겠습니까?

두번째 만남. "목회자의 자기 성찰"

개혁교회 신학자 라인홀드 니버는 미국 개신교회가 사회 정의와 관련하여 무력하다고 비판하였습니다. 그는 그 이유를 인간의 죄악 된 본성에 대한 철저한 인식이 결여되었기 때문이라고 지적했습니다. 기독교는 사랑을 실천해야 한다고 설교하지만, 자기중심주의에 사로잡힌 인간은 사랑을 실천할 수 없기에 기독교 윤리에 대한 설교가 공허해질 수밖에 없다는 주장입니다. 입으로는 그리스도의 사랑을 이야기하지만 실제 삶에는 부도덕한 인간의 본성 그대로 살아가는 모습, 이것이 니버가 비판했던 미국 개신교회의 단면이었습니다. 그리고 그는 목회자를 대상으로 한 어느 강연에서 이렇게 말했습니다. "설교자는 용기를 가지고 말씀을 선포해야 하지만, 동시에 자신의 설교와 모순된 죄악에 스스로가 빠져 있다는 사실을 깊이 인식해야 합니다."

한국 교회는 세상으로부터 언행불일치에 대해 비판을 받고 있습니다. 한국 교회가 입으로는 사랑을 외치면서 실제 삶에서는 불의를 행하기 때문이겠지요. 니버가 미국 교회를 분석하였던 바와 같이, 우리 안에 있는 죄악의 본성을 회피한 채 기독교의 고상한 윤리만을 강조하는 것도 하나의 이유일지 모릅니다. 그리고 이러한 현상의 중심에는 한국 교회 목회자들이 놓여 있을 것입니다. 목사이지만 여전히 죄성이 남아 있는 한 인간으로 살아가는 자신의 모습을 애써 외면한 채, 거룩한 설교자의 모습으로만 서 있는 우리 자신을 겸손히 회개하지 못한다면 한국 교회 안에 있는 언행불일치의 폐단은 해결하기 어렵지 않을까요?

··→ 의견을 나누기 위한 질문

1. 위의 짧은 글에 대한 여러분의 의견은 무엇입니까?

   (동의, 반대, 첨언 등)

2. 한국 교회 혹은 목회자의 언행불일치 사례에는 어떠한 것이 있습니까?

3. 한국 교회의 언행불일치에 대한 여러분의 원인 분석은 무엇입니까?

··→ 적용을 위한 질문

1. 목사로서 설교는 하고 있지만, 여러분 스스로가 실천하기 가장 어려운 덕목은 무엇입니까?

2. 현재 실천하고 있는, 혹은 실천하고 싶은 목회자의 자기 성찰 방법에는 무엇이 있습니까?

세번째 만남. "목회자와 정의"

경건의 훈련은 윤리적 삶과 무관하지 않습니다. 칼뱅은 경건의 열매로 '자기 부정'을 이야기하였는데, 여기에는 두 가지 측면이 있습니다. 곧, 수직적 차원에서 하나님께 대한 충성이고, 수평적 차원에서 사람에 대한 정의입니다. 경건의 훈련은 수직적인 하나님과의 관계만으로 만족할 수 없고, 수평적인 사람과의 관계로 나아가야 합니다.

인간 사회에서 모든 사람은 자신의 입장에서 자신만의 권리를 요구합니다. 그러므로 다양한 개인과 집단의 권리 사이에 적절한 타협이 필요합니다. 이 과정에서 필요한 윤리적 덕목이 정의입니다. 그러나 서로의 권리가 상충할 때마다 정의의 논리보다는 힘의 논리가 앞서는 인간 사회에서는 타협의 기술만으로는 참된 정의를 실현할 수 없지요. 정의를 언급할 때 언제나 사랑이라는 덕목을 함께 이야기해야 하는 이유가 여기에 있습니다. 그리스도의 완전한 사랑을 경험함으로써 인간은 서로 사랑을 실천할 수 있습니다. 그리고 인간 사회는 서로의 권리를 인정하는 정의가 실현될 수 있습니다.

한국 교회와 목회자의 부도덕성이 도마 위에 올라있는 지금, 한국 장로교 목회자에게 정의의 덕목이 절실해 보입니다. 목사가 되었다고 자신을 내어주는 그리스도의 사랑을 실천할 수는 없습니다. 그리스도의 사랑을 실천하는 듯 입술로는 설교하지만, 그렇지 못한 목회자들의 모습에 세상 사람들은 손가락질을 하고 있습니다. 지금 한국 교회 목회자에게 필요한 덕목은 다른 사람의 입장을 이해하고 그들의 권리를 보장해주는 정의입니다. 그리스도의 조건 없는 사랑을 경험하였기에 시작되는 정의의 실천은 한국 목회자들이 추구해야 할 경건 훈련의 열매입니다.

┈▶ 의견을 나누기 위한 질문

1. 위의 짧은 글에 대한 여러분의 의견은 무엇입니까?

   (동의, 반대, 첨언 등)

2. 여러분의 교회에서 발견되는 불의에는 무엇이 있습니까?

3. 그리스도의 십자가 사랑은 교회 안에 존재하는 불의를 해결하는 데 어떠한 역할을 하고 있습니까?

┈▶ 적용을 위한 질문

1. 여러분의 교회에서 발견되는 불의를 해결하기 위해 어떠한 해결책이 가능할까요?

미주

1 Gareth Weldon Icenogle, *Biblical Foundations for Small Group Ministry: An Integrational Approach* (Downers Grove: InterVarsity Press, 1994), 122.

2 Graham Tomlin, "Cell Church: Theologically Sound?" in *Church without Walls: A Global Examination of the Cell Church*, ed. Michael Green (Carlisle: Paternoster, 2002), 98.

3 Robert Wuthnow, ed., *"I come away stronger": how small groups are shaping American religion* (Grand Rapids: Eerdmans, 1994), 358-360.

4 John Wesley, "The Great Privilege of Those that Are Born of God," Wesley Center Online, http://wesley.nnu.edu.

5 John Wesley, "Rev. J. Wesley's Journal on August 25, 1763," in *The Works of John Wesley*, 3:144.

6 John Wesley, "A Plain Account of The People Called Methodists," in *The Works of John Wesley*, 8:254.

7 John Wesley, "A Plain Account of The People Called Methodists," in *The Works of John Wesley*, 8:259.

8 John Wesley, "A Plain Account of The People Called Methodists," in *The Works of John Wesley*, 8:254.

9 조용기, 『설교는 나의 인생』 (서울: 서울말씀사, 2005), 33.

10 조용기, 『성공적 구역』 (서울: 영산출판사, 1978), 9.

11 Yonggi Cho, *Successful Home Cell Groups* (Seoul: Church Growth International, 1981), 65.

12 Ralph Neighbour, *The Shepherd's Guidebook: A Leader's Guide for the Cell Group Church* (Houston: Touch Publications, 1992), 209.

13 Neil Cole, *Organic Church: Growing Faith Where Life Happens* (San Francisco: Jossey-Bass, 2005), 34-45.

14 George M. Marsden, 『조나단 에드워즈 평전』, 한동수 역 (서울: 부흥과개혁사, 2006), 237.

15 John Calvin, *Institutes of the Christian Religion*, 4.12.12.

16 John Calvin, "Draft Ecclesiastical Ordinances," in *Calvin: Theological Treatises*, trans. J. K. S. Reid (Philadelphia: The Westminster Press, 1954), 60

제2부

소모임 금지의 시대

18세기는 소그룹 목회의 부흥기였다. 속회(class meeting)를 중심으로 한 존 웨슬리의 감리교운동은 그 시대 소그룹 목회의 전성기라고 평가할 수 있다. 20세기로 접어들면 구역, 셀, 팀, 순, 목장, 가정교회 등 다양한 소그룹 목회가 출현했다. 이후 21세기 초반까지 소그룹을 가리키는 용어와 방법론이 더욱 다양해질수록 기독교에서 소그룹 목회가 차지하는 비중은 그만큼 늘어났다. 이제 정도의 차이는 존재하지만 소그룹 목회의 중요성을 무시하는 목회자는 아무도 없다. 그런데 이러한 흐름에 급격히 제동이 걸렸다. 2020년, 코로나19 바이러스가 전 세계로 확산한 팬데믹의 상황이 도래하였다. 그리고 코로나 팬데믹은 이 글을 쓰고 있는 2022년 초에도 현재 진행형이다. 향후 코로나의 상황이 어떻게 전개될지, 그것이 교회의 소그룹 목회를 어디로 몰아갈 것인지 아무도 모른다. 그러나 조금만 주의 깊게 살펴보면 지난 2년간 코로나 팬데믹이 한국 교회의 소그룹 목회에 끼친 영향은 충분히 관찰할 수 있다. 인간이 미래를 정확히 예측한다는 것은 불가능하지만 현재 일어나고 있는 현상은 관찰할 수 있기 때문이다. 제2부 "소그룹 금지의 시대"는 지난 2년간 한국 교회의 목회 현장을 소그룹의 관점에서 관찰한 결과이다.

목회 역량의 편중 현상

코로나 팬데믹 상황에서 한국 교회에 내려온 정부의 방역수칙 가운데 언제나 빠지지 않았던 내용이 있다. 그것은 "소모임 금지"다. 사회적 거리두기 단계가 아무리 강화되어도 정규예배는 일정한 수칙을 지키며 진행할 수 있었다. 그러나 소모임만큼은 처음부터 마지막까지 금지되었다. 바이러스의 집단 감염을 차단해야 했던 방역당국의 입장에서는 밀폐, 밀집, 밀접의 세 요소가 공존하는 교회의 소모임은 금지하면서 최소한의 거리두기가 가능한 정규예배는 허용하였을 것이다. 그러나 방역당국의 기준과 의도가 무엇이었든 이와 같은 방역 수칙은 목회 활동의 편중 현상으로 이어졌다.

소그룹 목회에 대해 다양한 정의가 존재한다. 그 가운데 이 책이 전제하는 소그룹 목회의 정의는 매우 넓은 의미를 담고 있다. 목회란 하나님과 사람 사이의 중보적 역할이다. 그러므로 목회는 한편으로 하나님 앞에서 행하는 활동이요, 또한 사람을 대상으로 하는 행위다. 목회의 대상이 사람이라면 목회 환경은 사람들이 모인 규모에 따라 소그룹과 대형집회로 구분할 수 있다. 여기에서 규모의 구분을 명확한 숫자로 한정하기는 매우 어렵다. 십여 명이라도 주일예배로 모인다면 그것은 소그룹이기보다는 대형집회의 특징을 띄기 쉽다. 반면, 수백 명이 주일예배를 드린 뒤 그 가운데 십여 명이 별도로 모여 그 날의 설교에 대한 자신의 생각과 경험을 나누며 서로를 위해 기도한다면 모인 사람의 숫자는 동일하지만 그들의 모임은 소그룹으로 구분할 수 있다. 이처럼 소그룹과 대형집회의 구분은 명확한 숫자보다 모임의 특성이 좌우한다.

목회의 환경을 대형집회와 소그룹으로 구분할 수 있다면, 소그룹 목회는 대형집회가 아닌 소그룹 환경에서 일어나는 목회를 통칭하는 용어로 사용할 수 있다. 그리고 소그룹 목회가 참여자들의 상호작용을 중시한다면, 대형집회 중심의 목회는 대다수의 참여자들이 소수의 인도자에게 집중하는 특성이 강하다. 대형집회의 특징이 두드러진 가장 대표적인 목회 활동은 주일예배로, 코로나 방역 수칙에 등장하는 용어로 표현한다면 정규예배가 된다. 이제 이러한 구분법을 염두에 두고 코로나 시대의 방역수칙을 다시 보자. 거리두기의 단계와 상관없이 방역수칙은 언제나 소모임을 금지하였다. 소그룹 목회는 지난 2년 동안 사실상 원천 차단되었다. 어느 정도의 허용 범위가 있어야 새로운 가능성을 도전해보지 않겠는가? 그런데 소그룹이라는 환경 자체가 금지되어 있으니 한국 교회에서 소그룹 목회는 사실상 멈추었다. 그런데 거리두기의 단계에 따라 변하는 기준도 있었다. 정규예배의 참석 인원이다. 최소로는 20명 이하로 허용된 경우도 있었고, 최대로는 좌석의 50%까지 참석이 허용된 적도 있었다. 비록 인원의 한계가 있었지만 정규예배는 언제나 허용되었다. 물론, 대면 예배가 금지된 기간도 있었다. 그러나 온라인 예배나 가정예배로 진행하더라도 한 주라도 주일예배를 멈춘 교회는 아마 한 곳도 없을 것이다.

정규예배는 허용되지만 소그룹 목회는 금지되었던 지난 2년 동안 목회 역량은 자연스럽게 소그룹 목회가 아닌 대형집회 중심의 목회에 집중되었다. 소그룹 목회와 구분하기 위해 대형집회 중심의 목회라고 썼지만 코로나 시대에 교회는 문자 그대로의 대형집회를 열 수 없었다. 다만, 모임의 특성이 소그룹보다는 대형집회에 가깝다는 의미다. 코로나의 집단 감염과 관련하여 교회의 모임이 중요한 이슈가 되었고 대면예배에 대한 우리 사회의 부정적인 시선이 매우 강해졌다는 것은 주지의 사실이다. 그러나 여기에 역설이 있으니, 이러한 시기에 여러 분야의 사역에 흩어졌던 목회 역량이 가장 먼저 예배에 집중되었다. 교회마다 온라인 예배를 시작하였는데, 온라인 예배는 예배 현장을 영상으로 편집하여 송출하는 과정이 필수다. 많은 교회는 예배 영상을 제작하기 위해 많은 노력을 기울였다. 또한 온라인으로 예배를 드리더라도 사회적 거리를 유지할 수 있는 범위에서 성도들이 대면예배에 참여하고, 이를 영상으로 촬영하는 경우가 대부분이다. 그러므로 예배 준비에 있어 사전 발열검사 및 손 소독, 참석자 명단 확인, 전교인을 대상으로 한 예배 안내 등 예배 준비는 코로나 이전보다 훨씬 더 복잡해졌다. 코로나 시대는 예배의 준비와 진행에 더 많은 목회 역량을 요구하였다.

코로나로 교회의 문은 닫혔지만, 그 안에서 목회자들은 최선을 다해 성도들에게 도움이 되는 목회 활동을 찾았다. 코로나 시대라고 하여 한국 교회가 보유한 목회 역량의 총량은 변하지 않았다. 다만 코로나의 시대는 목회 역량이 투입되는 방향을 바꾸었다. 이미 언급한 것처럼, 목회 역량이 집중된 곳은 가장 먼저 예배다. 그리고 온라인 예배가 익숙해지면서 교회는 새로운 목회를 시도하였다. 코로나로 성도들을 직접 만날 수 없으니, 그들에게 도움이 되는 영상과 자료를 제작하여 배포하는 것이었다. 이른바 성도들의 신앙을 돕는 교육 콘텐츠의 제작이다. 그런데 목회 환경을 기준으로 이러한 활동을 구분하면 그것은 성도들 사이의 인격적 상호작용에 주안점을 두는 소그룹 목회가 아니다. 목회자가 콘텐츠를 제작하여 성도들에게 일방적으로 배포하는 목회 활동이기에 대형집회 중심의 목회에 가깝다. 결과적으로, 코로나 방역 수칙은 대부분의 목회 역량을 소그룹 목회가 아닌 대형집회 중심의 목회에 집중하게 강요하였다.

성도들의 관점에서도 코로나 시대는 신앙 생활의 거대한 변화를 일으켰다. 지극히 상식적인 측면으로, 코로나의 확산은 성도들의 교회활동을 위축시켰다. 이는 성도들의 참여가 급감했다는 뜻이다. 그러나 코로나의 시대를 거치며 성도들의 관점에서 급증한 것도 있다. 신앙생활을 위한 자료다. 코로나가 확산되던 시기, 목회자들은 매주 예배 영상을 제작하고 가정 예배 순서지를 배포하며 신앙생활을 위한 다양한 비대면 자료를 쏟아냈다. 지난 2년간 한국 교회의 모든 목회 역량이 바로 이곳에 집중된 듯하다. 유튜브나 인터넷 검색창에 "설교"나 "성경 공부"를 검색해보라. 끝을 알 수 없는 콘텐츠 목록이 등장할 것이다. 코로나 시대에 성도들의 입장에서 신앙의 참여는 줄었지만, 신앙의 자료는 넘쳐나게 되었다. 참여와 자료라는 차이는 소그룹 중심의 목회와 대형집회 중심의 목회에서 성도들이 느끼는 차이의 한 단면이다. 대형 집회에서는 성도들에게 주어지는 것이 주로 자료이며, 소그룹에서 성도들이 주로 체험하는 것이 참여이기 때문이다.

참여의 기회가 막히니 코로나 시대는 성도 개인에게 나름의 역량을 요구했다. 무한 공급되는 신앙의 자료를 자신만의 시간과 자신만의 장소에서 스스로 활용하여 믿음을 유지하거나 성장할 수 있는 역량이다. 한 마디로, 개인의 경건 생활이라고 말할 수 있다. 물론, 코로나 이전에도 개인의 경건 생활은 성도에게 중요한 덕목이었다. 그러나 개인의 경건 생활이 부족하더라도 이를 보충할 방법이 있었다. 교회 활동의 참여다. 그런데 소그룹에서의 친밀한 참여가 원천적으로 봉쇄된 코로나 시대는 개인의 경건이 신앙의 결정적 요소가 되었다. 주일예배조차 온라인으로 참여하는 새로운 신앙의 양태는 철저한 개인 경건의 형태다. 코로나의 시기를 보내며 자신의 신앙이 더욱 풍성해졌다는 성도들이 있다. 참여가 사라진 상태에서 그들의 신앙 성숙이 어떠한 모습이었는지 점검해야 하겠지만, 그들은 신앙의 자료를 자신의 영적 성숙을 위해 활용할 역량을 갖춘 분들이라고 평가할 수 있다. 반면, 코로나 시대를 보내며 신앙생활이 나태해진다는 성도들도 많다. 신앙의 자료는 풍성해졌지만 그것을 활용할 역량이 부족하기 때문이다. 신앙의 참여가 없어지고 신앙의 자료가 풍성해진 현실은 동일한데 이처럼 사람마다 신앙의 성숙도가 달라지고 있다.

코로나 시대는 성도의 참여가 불가능하여 신앙생활이 전적으로 개인의 경건 생활에 좌우된다. 이것이 코로나 시대를 통과하는 교회가 미래를 걱정하거나 혹은 기대하는 이유다. 코로나 이후의 교회를 긍정적으로 예측하는 이들은 개인 경건의 강조가 성도의 영적 성숙으로 이어지는 계기가 될 것이라고 본다. 신앙생활을 위한 자료가 폭증하고 성도 개인의 영적 갈망이 이를 수용한다면 미래의 기독교는 양적으로나 질적으로 풍성해질 것이라는 긍정적 전망이다. 반면, 코로나 이후의 교회를 부정적으로 예측하는 이들은 성도의 개인 경건을 의심 어린 눈빛으로 바라본다. 적지 않은 성도들이 자료만으로는 자신의 신앙을 지키지 못할 것이라는 생각에 교회 출석의 급감을 우려한다. 안타깝지만, 지난 2년간 코로나 시대를 지나며 코로나 이후의 교회에 대한 긍정적 견해보다는 부정적 견해가 우세하다. 이러한 목회적 전망에는 친밀한 신앙생활의 참여를 잃어버린 성도들이 개인의 경건 생활만으로는 신앙이 쇠퇴할 수밖에 없다는 교회에 대한 현실 인식이 자리 잡고 있다. 그리하여 무한히 자료를 제작하고 배부하면서도 대부분의 한국 교회 목회자들이 직감적으로 알고 있는 사실은 이것이다. 자료만으로는 성도의 개인 경건이 고양되지 않는다.

 목회자의 입장에서도, 그리고 성도의 입장에서도 코로나의 시대는 인격적 상호작용이 중심이 되는 소그룹 목회가 사라지고 일방적 정보 전달의 특성이 강한 대형집회 중심의 목회가 대세를 이루었다. 방역당 국의 수칙은 이러한 변화를 의도하지 않았을 것이고, 한국 교회는 어딘가 모르게 아쉬움을 느끼면서도 주어진 환경에서 최선을 다하며 달려왔다. 2년의 코로나 시대를 지나며 이제는 보다 분명해졌다. 소모임 금지의 시대는 목회 역량의 편중을 초래하였고, 그것은 목회의 두 바퀴 가운데 하나를 이탈시켰다. 이렇게 지난 2년의 코로나 시대는 목회 현장에서 소그룹 목회가 얼마나 중요한 위치를 차지하는 지를 역설적으로 증명하였다.

온라인 소그룹이라는 대안

 팬데믹 시대를 지나며 소그룹 목회의 새로운 대안으로 제시된 것은 단연코 온라인 소그룹이었다. 온라인 예배가 예배의 영상이나 문서 자료를 온라인을 통해 성도들에게 제공하는 방식이라면, 온라인 소그룹은 성도들이 온라인 공간에서 함께 만나는 방식이다. 온라인 공간은 그것을 제공하는 플랫폼에 따라 그 특징이 달라진다. 지금까지 알려진 온라인 소그룹의 플랫폼은 크게 세 가지로 구분할 수 있다. 첫째는 영상기반(Video-based) 플랫폼이다. 화상전화 형식으로 현재 온라인 소그룹의 가장 대중적인 방식이다. 코로나 팬데믹을 거치며 줌(ZOOM)을 비롯하여 구글행아웃이나 페이스북그룹 등 소그룹 목회를 위해 선택할 수 있는 영상기반 플랫폼은 다양해졌다. 둘째는 음성기반(Audio-Only) 플랫폼이다. 카카오톡의 그룹콜처럼 다자간 통화를 말한다. 음성기반 플랫폼은 서로의 얼굴을 볼 수 없다는 단점이 있지만, 전화통화에 익숙한 현대인들이 자신의 얼굴을 공개하지 않으면서도 소그룹에 참여할 수 있다는 것은 장점으로 작용할 수도 있다. 마지막 셋째는 비동시적(Asynchronous) 플랫폼이다. 카톡, 인스타그램, 그리고 페이스북과 같은 소셜 네트워크(SNS)가 이 범주에 속한다. 참여자들은 사전에 승인된 사람들만 들어올 수 있는 온라인 공간에 글이나 사진을 남긴다. 다만, 온라인 공간에 들어오는 시간은 사람마다 다르다. 그래서 비동시적 플랫폼이라고 부른다. 동일한 시간에 참여하지 않기에 소그룹의 역동성은 약하지만, 참여하는 사람들에게 부담이 적다는 장점도 있다. 미국 새들백교회의 온라인캠퍼스 담당자인 제이 크란다(Jay Kranda) 목사는 온라인 소그룹의 시작은 문자 기반의 비동시적 플랫폼이 효과적이라고 주장한다. 문자 기반의 비동시적 플랫폼을 시작으로 음성기반이나 영상기반 플랫폼으로 옮겨올 수 있기 때문이다.[1]

팬데믹 시대에 온라인 소그룹이 가장 활성화된 곳으로 미국의 새들백교회를 꼽을 수 있다. 제이 크란다 목사의 공식 홈페이지(www.jaykranda.com)에는 그가 새들백교회의 온라인캠퍼스 담당자로 임명을 받은 2012년부터 새들백교회 안에는 900개의 온라인 모임이 진행되고 있다고 밝힌다. 새들백교회는 지금도 온라인 소그룹을 적극적으로 권장하는데, 그들은 다음의 네 가지 단계로 온라인 소그룹을 준비하라고 권한다. 첫째, 플랫폼을 정하라. 둘째, 커리큘럼을 선택하라. 셋째, 모임의 진행방식을 이해하라. 넷째, 온라인 소그룹을 위한 기술적 준비를 하라. 이미 인터넷에는 온라인 소그룹을 위한 다양한 플랫폼을 소개하고 이를 효과적으로 활용하는 방법이 많이 공유되어 있다. 그럼에도 불구하고 유독 새들백교회의 온라인 소그룹이 활성화된 중요한 이유는 두 번째 단계인 '커리큘럼을 선택하라'에서 찾을 수 있다. 새들백교회는 온라인 소그룹의 참여자들이 함께 시청할 수 있는 영상자료를 풍부하게 제공하고 있으며, 이와 연동하여 영상을 시청한 참여자들이 함께 대화할 수 있는 열린 질문을 책자로 제공하고 있다. 그러므로 소그룹 리더는 다른 이들을 가르치거나 정해진 목표를 향해 이끌기 위해 노력하지 않아도 된다. 교회에서 제공하는 콘텐츠를 참여자들에게 온라인을 통해 배부하고, 책자의 질문을 중심으로 참여자들이 자유롭게 자신의 이야기를 나눌 수 있도록 환경만 조성하면 된다. 온라인 소그룹은 참여자들이 서로 대면하지 못한다는 약점이 있지만 디지털자료를 공유하기에는 수월하다는 장점도 있다. 소그룹 리더가 온라인에서 모임을 이끌어가기 위해서는 오프라인 모임보다 더 많은 준비와 노력이 필요하다는 단점을 온라인 공간이기에 양질의 디지털 자료를 공유하기 편하고 이는 소그룹 리더의 역할을 훨씬 수월하게 만든다는 장점으로 만회한 사례라고 평가할 수 있다.

새들백교회 외에도 세계의 여러 곳에서 온라인 소그룹의 성공사례가 발표되고 있다. 그 가운데 하나가 알파코스다. 알파코스의 소그룹은 토크(talk)가 핵심이다. 그런데 기독교의 핵심 주제를 다루는 알파코스에서는 토크에 앞서 반드시 영상을 함께 시청하도록 되어 있다. 새들백교회의 온라인 소그룹과 동일한 진행 방식이다. 알파코스는 코로나 이전까지 온라인 소그룹을 진행하지 않았다. 그러나 알파코스의 창시자인 니키 검블(Nicky Gumbel)은 팬데믹의 상황 속에서 알파 코스를 온라인으로 진행한 사례를 소개하며 매우 효과적이었다고 평가했다. 온라인 모임을 위한 플랫폼을 이용하기에 양질의 디지털 자료를 보다 쉽게 공유하고 그와 관련된 열린 질문을 활용한다면 온라인 소그룹의 장점을 살려낼 수 있다는 가능성을 보여준 또 하나의 사례다. 『온라인 소그룹 인도하기』(Leading Online Small Groups)의 저자인 앨런 화이트(Allen White)는 온라인 소그룹이 성공하기 위해서는 두 가지 질문이 선행되어야 한다고 주장한다. 두 가지 질문은 이것이다. "그 모임의 목적이 무엇인가?" 그리고 "온라인에서 어떻게 만날 것인가?" 앨런 화이트는 이 두 가지 질문에 대해 참여자들이 동일한 대답을 공유한다면 온라인 소그룹은 팬데믹 시대의 대안이라고 힘주어 강조한다. 온라인 소그룹은 사회적 거리두기를 충족시키는 정도를 넘어, 밀레니얼 세대에게 더 가까이 다가갈 수 있는 우리 시대의 목회적 대안이라는 주장이다.[2]

팬데믹 시대에 새로운 목회적 대안으로 떠오른 온라인 목회에 대해 걱정하는 시각도 존재한다. 기독교 문화와 대중 문화를 연구하는 이민형 교수는 코로나 시대에 한국 교회가 발빠르게 IT 기술을 도입하는 장면을 바라보며 '얼리 어답터 한국 교회'라고 꼬집었다. 코로나 이전까지 한국 교회는 4차산업이나 인공지능의 발전에 대해 신중한 입장을 견지하였는데, 코로나 시대를 거치며 신학적 고민 없이 실용적 차원에서 온라인 기술을 가장 먼저 습득하여 활용한다는 지적이었다. 톰 라이트(Tom Wright)는 『하나님과 팬데믹』(God and the Pandemic)이라는 책에서 코로나 팬데믹의 상황에서 교회의 많은 사람들이 이른바 기독교적 반응을 찾으려고 애를 쓴다고 관찰했다. 예를 들어, 전 세계적 재앙이 인간의 죄에 대한 하나님의 징계라는 생각, 종말의 때가 가까이 온 징조라는 관념, 나아가 인간의 교만을 꺾으시는 하나님의 교훈이 담겨있다는 주장 등이다. 그러나 그는 이러한 생각과 해석을 비신학적, 심지어 이교적이라고 주장한다. 그리하여 톰 라이트는 이 책을 시작하며 이렇게 단언한다. "내가 주장하는 바는 마음 속에 쉽게 떠오르는 자동적인 반응을 거부해야 한다는 것이다."[3] 톰 라이트가 주장하는 '마음 속에 쉽게 떠오르는 자동적인 반응'에는 온라인 목회도 포함된다. 그는 온라인 예배가 종교를 사적인 문제로 간주하는 치명적인 위험성, 곧 '종교의 사유화'가 내포되어 있다고 말한다. 이민형 교수나 톰 라이트가 온라인 소그룹을 직접적으로 언급하지는 않았지만 지난 2년 간의 코로나 시대를 보내며 한국 교회가 온라인 목회에 내재되어 있는 신학적 위험성을 충분히 숙고하지 못한 것은 분명한 사실이다.

온라인 소그룹에 대한 보다 실제적인 한계를 지적하는 목소리도 있다. 만남을 갈구하는 인간은 온라인 소통만으로 만족할 수 없다는 생각이다. 유현준 교수는 『공간의 미래』라는 책에서 팬데믹 시대를 겪고 있는 인류의 미래 주거 환경에 대해 이렇게 질문한다. "과거에는 오프라인 공간 밖에 없었기 때문에 모여서 살아야 했지만, 텔레커뮤니케이션이 발달한 지금은 도시를 떠나서 전염병의 위험이 적은 시골에 살지 않겠는가?" 그리고 스스로 답한다. "아니다" 그가 이처럼 단호하게 답을 내리는 이유는 인간의 본성이 온라인 만남으로 만족하지 못하기 때문이다. 그는 공간에 대한 인간의 마음을 이렇게 서술했다. "인간은 온라인 기회와 오프라인 기회가 있다면 둘 중 하나를 택하는 대신 두 가지 기회를 모두 가지려고 할 것이다."[4] 코로나 팬데믹 이전에 온라인 소그룹의 가능성을 논하였던 존 쥬얼(John Jewell)은 『목회를 위한 접속』(Wired for Ministry)이라는 책에서 콘텐츠를 편리하게 공유할 수 있고 바쁜 현대인들이 한 자리에 모이지 않아도 되는 온라인 소그룹의 장점을 이미 언급한 바 있다. 그러나 존 쥬얼은 온라인 소그룹은 오프라인 소그룹으로 보완되어야 한다고 주장했다. 그는 첫 번째 소그룹 모임은 반드시 오프라인으로 모이고 이때 온라인 소그룹을 위한 서약서를 작성하라고 권면한다. 격주 혹은 한 달에 한 번 정도는 오프라인 모임을 병행하라는 권면도 잊지 않았다.[5]

소그룹을 위해 사용할 수 있는 온라인 플랫폼이 대중화된 지 얼마 지나지 않았다. 그러므로 이 시점에서 온라인 소그룹에 대한 최종적인 평가를 내리는 것은 아직 시기상조다. 지금의 단계에서 분명히 관찰할 수 있는 사실은 온라인 소그룹이 참여자들 사이에 인격적 상호작용을 일으켰다는 이른바 성공 사례가 세계 교회의 여러 곳에서 등장하고 있다는 것이요, 동시에 온라인 소그룹을 야심 차게 시도하였지만 온라인 모임만으로는 만족스러운 결과를 도출하기 어려웠다는 보고가 아직은 훨씬 많다는 사실이다. 지구촌교회와 한국소그룹목회연구원이 2021년 9월에 실시한 "한국 교회 소그룹 실태조사" 결과에 따르면, 온라인 소그룹의 참여자들은 온라인 소그룹의 장점으로 '모임의 편리성'(38.4%)과 '바이러스로부터의 안전'(26.8%)을 꼽으면서도, 온라인 소그룹의 단점으로는 '깊이 있는 대화와 나눔의 어려움'(30.4%)이라는 대답의 비율이 가장 높았다. 팬데믹 시대에 온라인 소그룹은 하나의 대안으로 부상하고 있지만 여전히 인격적 상호작용이라는 소그룹 목회의 핵심을 충분히 담아내지 못하고 있다고 평가할 수 있다.

IT 기술의 발달 속도는 너무도 빨라 온라인 소그룹이 향후 어떻게 펼쳐질지 내다보는 일은 매우 어렵다. 그러니 온라인 소그룹을 실천신학적 관점에서 조망하기 위해 잠시 시선을 돌려 지나온 시간을 돌아보자. 20세기 후반에도 매스미디어의 등장은 교회에 큰 충격을 주었다. 당시 기술이라는 것이 TV와 인터넷 정도였지만 교회는 온라인 목회가 기존의 목회를 대체할 것인가라는 심각한 고민에 빠져들었다. 영국의 복음주의 지도자였던 존 스토트(John Stott)는 이러한 논의를 지켜보며 『두 세계의 사이에서』(Between Two Worlds)라는 책에서 하나님께서 친히 디자인하신 최고의 시청각 자료가 두 가지라고 주장했다. 첫째는 회중 앞에 서 있는 목회자요, 둘째는 세상에서 살아가는 성도들이다. 존 스토트는 아무리 매스미디어의 흐름이 거세더라도 이 두 가지가 복음을 전파하는 핵심 요소라는 점은 변하지 않는다고 선언했다.[6] 그로부터 수십 년이 지났다. 팬데믹 시대를 겪으며 교회는 또 다시 온라인 예배와 온라인 소그룹을 고민한다. 그러나 온라인 소그룹에 대한 해법을 내놓기 위해 우리에게 중요한 질문은 온라인이 오프라인의 완전한 대체제가 될 수 있느냐가 아니다. 팬데믹 시대를 맞이하여 온라인 소그룹을 채택해야 한다면 우리가 반드시 답해야 할 질문은 이것이다. "성도 앞에 선 목회자와 참여자들 앞에 선 소그룹 리더가 온라인 소그룹에서도 하나님께서 디자인하신 최고의 시청각 자료가 될 수 있는가?"

코로나 블루와 소그룹 목회

코로나의 시대를 소그룹 목회라는 관점에서 관찰하면 발견할 수 있는 또 하나의 중요한 사실은 코로나 블루와 관련되어 있다. 코로나 바이러스의 영향력은 인류의 건강을 위협하는 의학적 영역에서 시작되었다. 그러나 2020년 이후의 세계를 코로나 시대로 부르는 이유는 코로나 바이러스가 단지 인간의 건강을 위협하는 데서 멈추지 않았기 때문이다. 코로나 팬데믹 현상은 세계의 경제를 뒤흔들었다. 사회적 거리두기가 지속되면서 직장을 잃거나 사업장을 접어야 했던 사람들이 기하급수적으로 늘어났다. 제3세계는 코로나 바이러스로 죽는 사람보다 굶어 죽는 사람이 더 많다는 이야기가 나올 정도다. 정치계도 코로나 사태로부터 자유로울 수 없었다. 세계의 각국 정부는 바이러스에 대한 방역에 정치적 사활을 거는 듯했다. 방역에 성공한 정부는 국민들로부터 지지를 받고 방역에 실패한 정부는 외면을 받았다. 정치, 경제, 사회, 문화 그 어느 영역도 지난 2년간 코로나의 영향력으로부터 자유로운 곳은 없었다. 심지어 인간의 깊은 내면의 세계도 코로나 바이러스의 지배를 받았는데, 이러한 현상을 한 단어로 표현한 것이 '코로나 블루'(Corona Blue)다.

코로나 블루는 아직 정식 의학용어로 등록되지 않았다. 다만, 코로나의 시대를 지나며 많은 사람들이 불면증과 우울증에 시달리는 현상을 가리키는 신조어이다. 어떤 이들은 코로나로 인한 경제적 어려움이 원인이 되었다. 또 다른 이들은 사회적 거리두기로 사람들과 소통하지 못해 우울감을 느끼게 되었다. 그리고 이러한 원인들은 서로 연계되어 증상을 악화시킨다. 의학계는 아직 코로나 블루의 정확한 원인과 진단, 그리고 치유법을 제시하지 못하고 있다. 그러나 모든 사람이 상식선에서 동의할 수 있는 코로나 블루의 원인과 해법은 있다. 코로나 블루는 사람과의 불리가 원인이고, 그래서 사람과의 만남이 해법이다. 그러므로 코로나 블루로 표현되는 코로나 시대의 특징은 진실한 만남에 대한 갈망이라고 말할 수 있다. 나는 목회자로 코로나 블루의 증상을 겪는 성도들을 상담하는 경우가 많았다. 현실 속에서 겪는 구체적인 어려움은 질병, 자녀 문제, 경제적 어려움 등 다양했다. 그러나 코로나 블루의 증상으로 분류할 수 있는 성도들의 이야기를 들으며 하나의 일관된 공통점을 발견하였다. 마음의 아픔을 일으킨 원인은 다양하지만 성도들은 그 어느 때보다 사람들과의 관계에서, 나아가 하나님과의 관계에서 진실한 만남을 갈망한다는 사실이다.

소그룹 목회에서 갈망은 매우 중요한 주제다. 제1부에서 살펴본 것처럼, 존 웨슬리는 감리교운동의 소그룹인 속회에 참여할 수 있는 단하나의 기준으로 "장차 올 심판으로부터 벗어나 자신의 죄로부터 구원받기 원하는 갈망"을 제시했다. 웨슬리가 이야기하는 '장차 올 심판'은 당시 사람들에게 큰 공포를 자아내었던 하나님의 저주를 말한다. 그러므로 웨슬리가 내세운 갈망이란 하나님과의 적대적 관계를 벗어나 하나님의 호의를 받는 관계로의 갈망이라고 이해할 수 있다. 우리 시대 그리스도인들에게 보다 익숙한 표현으로 바꾼다면, 하나님과의 친밀한 관계에 대한 갈망이다. 여기에서 주목할 점은 존 웨슬리가 성도들 사이의 인격적 상호작용이 일어나는 소그룹의 참여 조건으로하나님과의 관계에 대한 갈망을 제시했다는 점이다. 그리스도인들은 그 이유를 쉽게 이해할 수 있다. 하나님과의 관계가 사람들과의 관계와 연결되어 있기 때문이다. 신앙생활에서 하나님과의 관계는 사람과의 관계를 지배하고, 사람과의 관계도 하나님과의 관계에 영향을 미친다. 그리고 하나님과의 관계와 사람과의 관계가 서로 역동적으로 어우러지는 환경이 바로 소그룹이다.

　코로나 시대를 소그룹 목회의 관점에서 관찰할 때 확인할 수 있는 중요한 사실 하나는 진실한 만남에 대한 갈망이 사람들의 마음 속에 증폭되었다는 것이다. 스스로 인식하든 인식하지 못하든 진실한 만남에 대한 갈망에는 하나님과의 친밀한 만남을 향한 갈망이 내재되어 있다. 존 웨슬리가 일찍이 간파했던 것처럼 이러한 갈망이 소그룹 목회의 전제 조건이라면, 코로나 시대는 외형적으로 소모임 금지의 시대였지만 동시에 사람들의 마음을 소그룹 목회를 위한 좋은 토양으로 일구었다고 평가할 수 있다. 그러나 갈망이라는 토양이 직접적으로 소그룹 목회의 열매를 보장하지는 않는다. 바로 여기에, 진실한 만남을 향한 사람들의 증폭된 갈망이 영적 성숙이라는 열매로 이어질 수 있도록 팬데믹 시대의 소그룹 목회를 재구성할 필요성이 대두된다.

[소그룹 프로그램] 온라인 소그룹

온라인 소그룹은 장점과 단점이 분명하다. 온라인 소그룹의 장점은 크게 세 가지로 꼽을 수 있다. 그 첫째는 참여의 편리성이다. 오프라인 소그룹은 동일한 시간에 동일한 장소에 모여야 하며, 소그룹을 위한 별도의 공간이 준비되어야 한다. 반면 온라인 소그룹은 참여자들이 멀리 떨어져 있거나 같은 시간에 한 곳으로 모이지 못해도 각자의 자리에서 모바일을 통해 진행할 수 있다. 온라인 소그룹의 두 번째 장점은 팬데믹 시대에 전염병의 위험이 없다는 것이다. 이러한 장점이 팬데믹 시대에 온라인 소그룹을 대안으로 떠올리게 만들었던 이유다. 마지막 세 번째 장점은 디지털 자료의 손쉬운 공유다. 온라인 소그룹을 위해서는 참여자들이 온라인 만남을 위한 디지털 플랫폼(앱)을 공유한다는 전제가 있다. 그리고 대부분의 온라인 플랫폼은 영상 자료나 문서 자료를 공유할 수 있는 기능을 제공한다.

온라인 소그룹은 그 장점에도 불구하고 여전히 치명적인 단점이 있다. 오프라인 소그룹과 비교하면 소그룹의 최대 장점인 인격적 상호작용이 충분히 일어나기에는 여전히 제약이 있다는 점이다. 물론, 온라인의 기술은 하루가 다르게 진화하고 있으며 머지않아 충분한 인격적 상호작용이 펼쳐질 수 있는 온라인 공간이 출현할 수도 있다. 그러나 아직은 온라인 공간에서의 만남이 대면모임을 완전히 대체할 정도는 아니다. 이러한 온라인 소그룹의 단점을 최소화하고 그 장점을 극대화하는 방법은 소그룹을 위한 양질의 디지털 콘텐츠를 참여자들과 공유하고 그 후에 열린 질문을 통해 참여자들이 자신의 생각과 감정을 자유롭게 이야기하는 방식이다. 이를 위해서는 온라인 소그룹을 위한 양질의 디지털 자료와 참여자들의 참여를 이끌 수 있는 열린 질문이 필요하다.

이 책에서 제시하는 온라인 소그룹 프로그램은 현재까지 출시된 온라인 플랫폼을 통해서도 상당 수준의 인격적 상호작용이 가능하다는 사실을 보여준다. 이 프로그램은 팬데믹의 상황으로, 혹은 여러 가지 이유로 한 자리에 함께 모이지 못하는 참여자들이 온라인 소그룹을 통해 서로에 대해 더욱 깊이 알아가는 데 그 목적이 있다. 첫 번째 모임은 오프라인으로 진행하는 것을 제안한다. 현재까지는 온라인 소그룹을 오프라인 소그룹으로 보완하는 것이 필요하기 때문이다. 그러나 오프라인으로 진행하기 어렵다면 첫 번째 만남도 온라인으로 진행할 수 있다. 다만, 첫 번째 모임부터 온라인으로 진행하면 온라인 플랫폼의 사용법이 익숙하지 않은 참여자들에게 그 사용법을 알려주기에 어려움을 겪을 수도 있다.

첫번째 만남 "행복지수"

오늘부터 온라인 소그룹을 시작하려 합니다. 이번 온라인 소그룹의 목적은 서로를 더 깊이 알아가고, 그 안에서 하나님께서 행하신 일을 함께 바라보는 것입니다.

소그룹 모임을 위한 온라인 플랫폼과 온라인 에티켓을 먼저 알아봅시다. 소그룹 리더는 다음의 질문을 순서대로 점검합니다.

1. 우리 모임은 온라인 만남을 위해 어떤 플랫폼(앱)을 사용하나요?
2. 우리가 사용하는 어플의 사용법은 참여자들이 모두 익혀두었나요?
3. 온라인 소그룹을 진행할 때 서로 지켜야 할 에티켓은 무엇이 있을까요?

온라인 소그룹은 대면하여 모이지 않기에 보다 적극적인 참여가 필요합니다. 아래의 서약서를 작성하면서 우리의 마음을 하나로 모아봅시다.

[온라인 소그룹을 위한 서약서]

나 _____은 오늘부터 시작하는 온라인 소그룹에 성실히 참여할 것을 약속합니다. 지금도 살아 계셔서 우리 안에 역사하시는 하나님의 손길을 기대하는 마음으로 온라인 소그룹에 참여할 것입니다. 우리 가운데 그 누구도 주변 사람의 도움 없이는 성숙한 신앙인으로 세워질 수 없다는 점을 알기에, 저는 함께 참여하신 분들을 적극적으로 격려할 것이며 저 역시 이 모임 안에서 신앙의 도움을 받기 위해 노력하겠습니다.

20__ 년 ___ 월 ___일 (서명)

오늘의 주제는 행복지수입니다. 우리는 삶의 크고 작은 일을 만나며 행복을 느끼기도 하고 불행을 겪기도 하지요. 여기에 두 가지 질문이 있습니다. 한 분씩 이 질문에 답해보면서 현재 나의 모습을, 그리고 주변 사람들의 삶을 생각해봅시다.

1. 지금 나는 얼마나 행복한가요? 가장 행복한 것을 10점으로 하고, 가장 불행한 것을 1점으로 한다면 현재 여러분의 행복지수는 몇 점이라고 생각하십니까? 그리고 그 이유는 무엇입니까?
2. 지금까지 여러분의 삶에서 가장 행복했던 때는 언제였나요? 그때 여러분의 마음이 행복으로 가득했던 이유는 무엇이었나요?

두번째 만남 "신앙의 지정의(知情意)"

사람의 마음은 세 가지 요소로 구분하여 설명할 수 있습니다. 곧, 지성과 감정과 의지입니다. 그런데 사람들마다 중요하게 여기는 영역이 다릅니다. 어떤 분들은 지성적인 작용을 중요하게 여기고 어떤 분들은 감성보다는 의지의 영역에 민감합니다. 신앙생활도 이 세 가지 요소로 구분할 수 있습니다. 신앙생활의 지성적인 부분은 하나님을 알아가는 것, 특별히 성경을 읽거나 공부하는 활동으로 표현되곤 합니다. 신앙생활의 감성적인 부분은 나의 마음이 하나님을 느끼는 것을 가리키며 구체적인 활동으로는 찬양이나 기도에서 두드러집니다. 그리고 신앙생활의 의지적인 부분은 나의 손과 발이 구체적으로 움직이는 것으로, 주로 교회 안과 밖에서 봉사하는 행위로 나타납니다.

모든 그리스도인은 신앙의 지성, 감정, 그리고 의지 가운데 특정한 영역이 두드러지게 되어 있습니다. 뜨거운 기도(감정)보다는 차분히 성경을 연구하며(지성) 하나님을 체험하는 분들이 계십니다. 어떤 분들은 몸을 움직이며 봉사하고 실천을 해야(의지) 믿음이 성장한다고 생각합니다. 심지어 지역 교회나 교단도 지성과 감정과 의지 가운데 하나가 특별히 부각되는 특징을 드러내기도 합니다. 지나친 단순화일 수 있지만 주로 장로교단이 신앙의 지성적인 측면을 강조합니다. 순복음은 신앙의 감정적인 측면에 많은 힘을 쓰고, 천주교는 신앙의 의지적인 측면에 강점이 있다고 말할 수 있습니다. 그러나 우리가 추구하는 신앙생활의 바른 성숙이란 우리의 지성과 감정과 의지의 모든 측면에서 하나님을 섬기는 것을 의미합니다. 그리므로 우리는 자신의 신앙 생활을 돌아보며 부족한 부분을 채우기 위해 노력해야 할 것입니다.

[신앙의 지정의와 교단별 특성]

신앙의 지정의와 관련하여, 여기에 두 가지 질문이 있습니다. 한 사람씩 이 질문에 답해 봅시다.

1. 나는 신앙의 지정의(지성, 감정, 의지) 가운데 어느 측면에 강점이 있다고 생각하십니까?

2. 신앙의 지정의(지성, 감정, 의지) 가운데 내가 보완해야 할 측면은 무엇이라고 생각하십니까?

세번째 만남 "정체성과 소속감"

'나는 누구인가'라는 질문에 답하기 위해 우리는 정체성과 소속감이라는 상반된 개념을 사용하곤 합니다. 정체성이란 다른 사람이 평가하는 나도 아니고, 주변 사람들이 요구하는 나의 역할도 아닙니다. 정체성이란 오로지 내가 나인 이유, 내가 다른 어떤 사람이 아니라 나인 근거입니다. 정체성을 잃어버리면 우리는 나 자신을 잃어버리기에 마음이 허탈해지고 삶의 목적과 의욕을 잃어버립니다. 정체성과 함께 나를 규정하는 또 다른 개념이 소속감입니다. 내가 소속되어 있는 모임과 단체로부터 내가 누구인지를 찾아가는 개념입니다. 모든 사람은 다른 사람의 시선으로부터 벗어나 나만의 정체성을 찾아가지만, 동시에 다른 사람과의 관계인 소속감을 통해 내가 누구인지를 알아갑니다.

신앙생활에서도 정체성과 소속감은 매우 중요한 주제입니다. 신앙인으로서 우리의 가장 중요한 정체성은 그리스도인일 것입니다. 세상의 지위나 역할과 상관없이 우리 모두는 복음으로 하나님의 자녀가 되었다는 정체성입니다. 그러나 동시에, 그리스도인의 신앙생활을 규정하는 또 하나의 중요한 요소는 소속감입니다. 우리는 교회에 소속되어 있고, 교회 안의 다양한 모임에 참여하여 활동하고 있습니다. 우리는 그 안에서 신앙인으로 살아가는 나의 모습을 발견할 수 있습니다.

여기에 두 가지 질문이 있습니다. 한 사람씩 자신의 의견을 나누어 봅시다.

1. 현재 나에게 가장 중요한 정체성은 무엇인가요?
2. 현재 나에게 가장 중요한 소속감은 무엇인가요?

우리는 지금까지 온라인 소그룹을 통해 서로를 알아가는 시간을 가졌습니다. 그리고 그 과정에서 우리의 삶에 역사하시는 하나님의 손길을 발견할 수 있었습니다.

이제 끝으로 서로를 위한 기도의 제목을 이야기해보겠습니다. 교회에서 흔히 기도제목을 나눈다고 말하면, 당사자가 주변 성도들에게 자신의 기도제목을 알려주곤 합니다. 그러나 오늘은 그 방식을 조금 바꾸어 보면 좋겠습니다. 지금까지의 모임을 통해 우리는 서로에 대해 조금 더 알게 되었습니다. 그러니 이제 모든 모임을 마치며, 내가 다른 성도님들을 위해 기도하고 싶은 기도의 제목이 무엇인지 이야기해 보도록 하겠습니다.

미주

1 Jay Kranda, *Online church: How to Go Beyond Streaming a Service to Bring People into the Body* (Lake Forest: Purpose Driven Church, 2020), 7.

2 Allen White, *Leading Online Small Groups: Embracing the Church's Digital Future* (LA: Allen White Consulting, 2020), ch. 1.

3 Tom Wright, 『하나님과 팬데믹』, 이지혜 역 (파주: 비아토르, 2020), 9.

4 유현준, 『공간의 미래』 (서울: 을유문화사, 2021), 168.

5 John P. Jewell, *Wired for Ministry: how the Internet, Visual Media, and Other New Technologies Can Serve Your Church* (Grand Rapids: Brazos Press, 2004), 109.

6 John Stott, *Between Two Worlds: the Challenge of Preaching Today* (Grand Rapids: Eerdmans 1982), 53.

제3부
소그룹 목회의 재구성

소그룹 목회는 그것을 채택한 기독교 공동체의 영성을 담지하기 마련이다. 여기에서 영성이란 그 공동체가 가장 중요하게 여기는 가치를 말한다. 팬데믹 시대에도 이 명제는 소그룹 목회의 기본 원리로 작동한다. 그러므로 팬데믹 시대의 소그룹 목회를 재구성하기 위해서는 소그룹 목회가 추구하는 가치와 영성을 어디에 둘 것인지를 먼저 분명히 해야 한다. 그러므로 소그룹 목회의 재구성을 제안하는 3부를 시작하며 이 책의 저자로서 내가 추구하는 기독교적 가치와 영성이 무엇인지 분명히 밝혀야 할 것이다. 소그룹 목회, 나아가 모든 목회 활동의 목적은 다음의 두 가지로 요약할 수 있다고 생각한다. 첫째는 목회 활동을 통해 예수 그리스도의 복음을 받아들여 죄의 용서를 받고 구원받아 하나님의 자녀가 되는 사람들이 일어나는 것이다. 성도의 입장에서 이를 한 마디로 표현하면 칭의가 된다. 둘째는 구원을 경험한 성도들이 목회 활동을 통해 마지막 날까지 그 믿음이 성장하고 성숙하는 것이다. 성도의 입장에서 이를 한 마디로 표현하면 성화가 된다. 또한 이 두 가지를 목회적 관점에서 정의하면 전도와 양육으로 부를 수 있다. 성도들이 칭의를 경험할 수 있도록 돕는 목회 활동이 전도라면, 성도들이 성화를 경험할 수 있도록 돕는 목회 활동이 양육이다. 목회의 두 가지 목적은 칭의와 성화요, 이에 상응하는 목회의 두 기둥이 전도와 양육이다.

목회의 두 기둥을 전도와 양육으로 요약하면, 이 두 가지는 다시 하나의 궁극적인 목회적 사명으로 수렴한다. 곧, 복음을 전하는 것이다. 불신자에게 복음을 전하는 것은 문자 그대로 전도가 된다. 이미 복음을 믿어 구원받은 성도들에게 복음을 선포하여, 성도들로 하여금 복음의 가치관에 따라 인생을 살아가도록 하는 것이 목양과 양육의 핵심이다. 사람의 마음은 복음을 받아들였음에도 불구하고 너무도 쉽게 복음의 진리에서 떠나 자신이 익숙한 삶의 방식과 세상의 가치관에 이끌린다. 복음은 자유를 선포하지만, 사람들은 여전히 많은 것들의 종이 되어 살아간다. 복음은 차별을 거부하지만, 사람들은 차별의 죄에서 자유롭지 못하다. 복음은 자격 없는 자에게 베푸시는 은혜를 선포하지만, 사람들은 자신이 누리는 바가 자신이 그럴 만하기 때문이라고 여긴다. 불신자는 물론이거니와 그리스도인도 크게 다르지 않다. 바로 여기에 진리를 찾는 구도자만이 아닌 기존의 성도들에게도 복음을 전해야 하는 목회적 이유가 있다.

팀 켈러는『센터처치』(Center Church) 라는 책에서 목회와 복음의 관계를 이렇게 설명했다. "복음은 그리스도인의 삶의 초급 과정이 아니라 시작부터 완성까지 관통하는 것이다. 복음은 비신자에게 필요한 것이고, 신자들은 복음 이상의 성경 원칙을 따라 살아가는 것이라고 보는 것은 부정확한 견해이다. 복음을 믿음으로써 구원을 얻고, 살아가는 동안 복음을 점점 더 깊이 믿음으로써 우리의 마음과 감정과 인생의 모든 국면이 변화된다는 것이 더 정확한 견해이다."[1] 효율성을 높이기 위해 소그룹의 형태를 활용하든 그렇지 않든 목회의 궁극적인 사명과 목적은 변함이 없다. 사람들이 칭의와 성화를 경험할 수 있도록 돕기 위해 복음을 선포하여 전도하며 양육하는 것이요, 이것이 팬데믹 시대의 소그룹 목회가 추구해야 할 가장 중요한 가치다.

팬데믹 시대를 거치며 한국 교회는 교회의 대사회적 역할이 얼마나 중요한지 새삼 실감하게 되었다. 그런 점에서 대사회적 역할은 외면하고 자신이 속한 공동체의 축복만 강조하는 여의도순복음교회의 구역 모델의 영성은 배제한다. 21세기의 여의도순복음교회에 대한 평가가 아니라, 전 세계적으로 소그룹 목회를 유행시켰던 20세기 여의도순복음교회의 구역 모델을 거부한다는 의미다. 구역, 구역장, 권찰 등 그들이 사용했던 소그룹의 용어는 여전히 한국 교회에서 가장 대중적이다. 이러한 용어는 얼마든지 활용할 수 있지만, 개혁교회의 신학을 따르는 한국 장로교회는 구역 모델이 추구하였던 소그룹 목회의 영성을 그대로 받아들일 수 없다. 여의도순복음교회의 오순절적이고 번영신학적 영성은 목회의 목적 가운데 전도(칭의)는 강조하지만 양육(성화)은 외면하기 때문이다. 로버트 우스나우가 지적한 자기 중심적 종교에 대한 거부라고도 말할 수 있다. 여의도순복음교회의 실례를 바탕으로 서구 교회에 구역 모델을 전파하였던 랄프 니버는 조용기 목사의 오순절적이고 번영신학적 영성을 전도와 목회적 돌봄이라는 소그룹 목회의 가치로 바꾸었다. 그러나 이것 역시 팬데믹 시대의 소그룹 목회에서는 전적으로 받아들이기 어렵다. 여전히 성도들의 영적 성숙을 도모하는 양육의 측면이 결여되어 있기 때문이다. 전도와 목회적 돌봄은 소그룹 목회가 추구하는 하나의 가치가 될 수는 있어도 최고의 가치가 될 수는 없다.

그리스도인의 완덕을 추구하는 존 웨슬리의 영성도 팬데믹 시대에 한국 교회가 추구할 소그룹 목회의 영성으로 적합하지 않다. 물론, 한국의 감리교회와 감리교 목회자들은 이러한 의견에 동의하기 어려울 것이다. 그러나 장로교회가 다수인 한국 교회의 현실에서는 개신교 목회자들의 인간이해가 존 웨슬리의 인간론과 다르다. 존 웨슬리는 아르미니안주의에 입각하여 긍정적 인간 이해를 견지하였다. 그러므로 정규적으로 신학을 배우지 않은 성도들도 소그룹을 통해 건전한 신앙적 결론에 이를 수 있다는 믿음이 있었고, 평신도들이 소그룹 목회에서 리더십을 발휘할 수 있었다. 그러나 장로교 전통에 서 있는 다수의 한국 교회 목회자들은 개혁교회 전통의 부정적 인간론을 따르고 있다. 소그룹 목회가 필요하다는 점은 인식하지만 평신도들에게 완벽

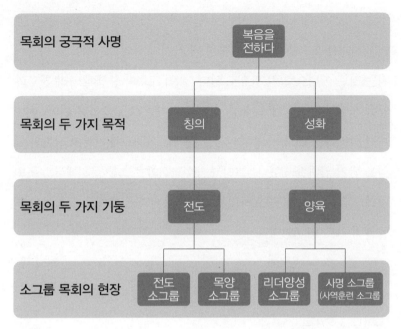

목회의 궁극적 사명	복음을 전하다			
목회의 두 가지 목적	칭의		성화	
목회의 두 가지 기둥	전도		양육	
소그룹 목회의 현장	전도 소그룹	목양 소그룹	리더양성 소그룹	사명 소그룹 (사역훈련 소그룹)

한 자율권을 부여하지 못한다. 특히, 성경을 읽고 해석하여 그것을 삶에 적용하는 문제에 있어서는 목회자의 역할을 중요하게 여긴다. 그러므로 존 웨슬리의 속회 역시 팬데믹 시대에 한국 교회가 추구할 소그룹 목회의 영성을 제공한다고 평가하기 어렵다.

이 책에서 제안하는 소그룹 목회의 재구성은 위에서 언급한 목회의 두 기둥인 전도와 양육이 그 뼈대가 된다. 이제부터 소개하는 전도 소그룹, 목양 소그룹, 리더양성 소그룹, 사명 소그룹은 전도와 양육이라는 두 기둥을 보다 세분화된 과정으로 펼쳐 놓은 것이다. 논의의 편리성을 위해 목회의 두 기둥을 네 개의 과정으로 세분하였지만 목회의 두 가지 목적이 복음을 전하는 것이라는 하나의 궁극적인 사명으로 수렴하듯, 네 개의 과정 역시 서로 겹치거나 공유하는 지점이 많다. 팬데믹 시대의 소그룹 목회는 명확히 네 가지 종류의 소그룹으로 나누어지는 것도 아니요 그럴 필요도 없다. 지역 교회의 상황에 따라 전도와 양육이라는 두 기둥에 충실한 소그룹을 새롭게 구성하면 된다. 여기에서 제안하는 네 가지 종류의 소그룹에는 개혁교회 전통의 신학과 영성을 담기 위해 노력했다. 그리고 개혁교회의 소그룹 목회에서는 목회자의 역할이 너무도 중요하다. 그래서 마지막 소주제로 목회자의 역할을 추가로 다루었다.

전도 소그룹

목회 활동을 그 규모에 따라 대형집회 중심의 목회와 소그룹 목회로 구분할 수 있다면, 동일한 기준으로 전도의 방식도 두 가지로 나눌 수 있다. 전도집회와 전도 소그룹이다. 20세기 후반까지 한국 교회를 포함한 세계 교회의 전도 방식은 주로 전도 집회였다. 전도 소그룹과 대비되는 전도 집회의 특징을 알아보기 위해서는 미국의 2차부흥운동의 지도자였으며 현대 부흥운동의 아버지라 평가 받는 찰스 피니 (Charles G. Finney)를 언급해야 한다. 그의 책 『부흥에 대한 강의』(Lectures On Revival)에는 찰스 피니가 조직하였던 부흥집회에 대한 구체적인 내용이 상세히 기록되어 있다. 찰스 피니의 대규모 부흥집회는 거물급 강사의 설교가 핵심이었다. 설교가 끝나면 회심하기 원하는 사람을

'초청'(altar call)하였다. 초청의 시간은 찰스 피니 이전에 부흥운동을 주도하였던 조나단 에드워즈, 조지 휫필드, 심지어 존 웨슬리도 사용하지 않았던 방식이다. 설교자의 초청에 회중이 반응하면 그들은 별도로 마련된 작은 방에 들어간다. 그곳에는 사람들을 회심으로 인도하는 안내자들이 기다리고 있었다. 안내자의 질문에 '예'라고 대답한 사람은 안내자를 따라 영접기도를 하게 된다. 찰스 피니가 조직한 부흥집회는 회심을 ABCD라는 네 가지 단계로 상정했다. 곧, '내가 죄인이라는 것을 인정하라'(Admit), '복음을 믿으라'(Believe), '제자도의 대가를 계산하라'(Count), 마지막으로 '결단하라'(Decide)이다.

20세기에도 세계 교회는 찰스 피니가 실행하였던 부흥집회를 전도의 유일한 수단처럼 사용했다. 변화가 있었다면, 새로운 기술을 활용했다는 점이다. 1920년대에 라디오가 등장하자 영국과 미국에는 수십 개의 기독교 방송국이 불특정 다수를 대상으로 전도 설교를 송출하였다. 이후 방송 설교는 텔레비전으로 이동하였고, 미국의 방송 설교자로 토마스로드침례교회(Thomas Road Baptist Church)의 제리 포웰(Jerry Falwell) 목사가 명성을 날리기도 하였다. 20세기 후반으로 접어들면, 방송 설교는 인터넷이라는 매체로 옮겨간다. 마크 켈르너(Mark Kellner)는 1996년 출판한 『인터넷 상의 하나님』(God On The Internet)에서 이미 인터넷이 역사상 가장 위대한 선교 분야가 되었다고 선언했다. 19세기의 찰스 피니를 시작으로 20세기의 매스미디어를 활용하는 데까지 이어진 전도 집회는 교회의 예배도 전도를 위한 집회 현장으로 바꾸려는 움직임으로 이어졌다. 미국 윌로우크릭교회(Willow Creek Community Church)가 시작한 '구도자 중심의 예배'(Seeker-Sensitive Worship)와 이를 한국적 상황에 적용한 온누리교회의 소위 '열린 예배'가 대표적이다.

19세기와 20세기에 광범위하게 실행되었던 전도집회가 21세기로 접어들면서 전도 소그룹으로 전환되는 움직임이 영국에서 시작되었다. 1980년대 영국에서도 대규모의 빌리 그레이엄(Billy Graham) 집회가 개최되었다. 그 이후 영국 교회는 대규모의 전도집회가 얼마나 효과적이었는지를 평가했다. 그 결과, 전도집회를 통해 기존에 교회를 출석하던 성도들의 헌신도가 높아졌다는 사실을 확인할 수 있었다. 그러나 교회를 출석하지 않던 사람들의 교회 출석률은 거의 변화가 없었다. 당시 빌리 그레이엄 전도 집회의 총책임자였던 게빈 리드(Gavin Reid)는 1950년대의 빌리 그레이엄 집회와 1980년대의 빌리 그레이엄 집회를 비교하면서 시대의 변화를 직감했다. 1950년대에는 성공적이었던 전도 방식이 1980년대에는 더 이상 통하지 않았기 때문이다. 그런데 1980년대 영국에서 개최된 빌리 그레이엄 집회는 새로운 가능성을 발견하는 계기가 되었다. 전도집회의 주최측은 초청에 응답한 사람들을 양육하기 위해 소그룹을 운영하였다. 이 소그룹의 목표는 전도가 아니라 목양이었기에 '목양 그룹'(nurture group)이라고 불렀다. 그런데 결과는 주최측의 의도와 정반대였다. 주최측의 통계에 의하면, 전도 집회에 참여한 사람들 가운데 23%가 이후 지역 교회에 등록한 반면 목양 그룹에 참여한 사람들은 72%가 이후 지역 교회에 등록하였다. 이를 계기로 영국 교회는 대형집회보다 소그룹을 전도의 핵심 도구로 활용하기 시작했다. 지금도 한국 교회에서 대표적인 전도 소그룹으로 꼽히는 알파코스(Alpha course)도 1977년에는 영국의 목양 그룹 가운데 하나로 시작했지만 1986년 그 성격과 목적을 전도에 맞춰 개편하면서 세계적으로 확산된 전도 프로그램이 되었다.

영국에서 전도집회 중심의 전도가 소그룹 중심의 전도로 전환되는 과정은 한국 교회에도 시사하는 바가 크다. 20세기 후반 급격한 성장을 이룩했던 한국 교회의 전도에도 대형집회가 그 중심에 있었기 때문이다. 빌리 그레이엄 집회와 엑스플로 74' 등 전국 단위의 대형집회와 함께 지역 교회마다 유명 강사를 초대하여 전도집회를 열었다. 그러나 21세기로 접어들면서, 그리고 팬데믹 시대를 지나며 한국 교회는 전도집회를 통한 복음 전파에 한계가 있음을 절감하고 있다. 일반적으로 기독교인의 비율이 20%가 넘으면 노방 전도에서 관계 전도로 전환해야 한다고 말한다. 여기에서 20%라는 숫자보다 주목해야 할 점은 관계 전도로 전환해야 하는 이유다. 어느 사회에 기독교인의 비율이 20% 이하면 누군가를 만났을 때 그 사람이 기독교의 복음에 대해 전해 듣지 못했을 가능성이 높다. 노방전도를 통해서도 복음에 관심을 보이는 사람을 만날 가능성이 높다는 이야기다. 그러나 기독교인의 비율이 20% 이상이면 그 사회에서는 지인을 통해 복음을 전해 듣지 못한 사람이 거의 없다. 이미 주변에 기독교인이 있는데, 왜 굳이 거리에서 만난 낯선 사람에게 복음을 들으려 하겠는가? 한국 사회는 이미 기독교인의 비율이 20%를 넘은 지 오래다. 뿐만 아니라 인터넷에는 기독교 관련 자료가 넘쳐난다. 팬데믹 시대의 우리 사회는 더 이상 기독교에 대해 알기 원하는 구도자들이 거리의 전도자를 만날 필요도 없고 전도 집회에 참여할 필요도 없다. 그러므로 한국 교회의 전도는 관계 전도를 지향해야 하고, 영국 교회의 사례에서 보는 것처럼 소그룹이 중심이 되어야 한다.

한국 교회가 전도를 소그룹 중심으로 진행해야 하는 목회적 이유를 다음의 세 가지로 요약할 수 있다. 첫째, 소그룹 환경은 전도대상자나 구도자의 다양한 경험을 수용하기에 용이하다. 대형집회 중심의 전도는 대부분의 사람들이 경험하는 회심의 과정을 동일하거나 최소한 유사하다고 전제한다. 찰스 피니가 부흥 집회를 조직하며 염두에 두었던 회심의 과정인 ABCD의 단계를 기억해보라. 그러나 실제로 일어나는 회심의 과정은 사람들마다 매우 다양하다. 대형집회에서는 회심에 이르는 다양한 과정을 포용하기 어렵지만, 소그룹에서는 각 사람의 경험을 존중하며 곁에서 필요한 도움을 줄 수 있다. 둘째, 전도 소그룹은 교회를 출석하는 교인에게도 복음을 전하는 장소가 된다. 교회를 출석하는 성도들 중에도 회심을 경험하지 못한 성도들은 존재한다. 목회자는 그가 누구인지 알지 못하고 이를 조사할 수 있는 방법도 딱히 없다. 설령 누가 회심을 경험하지 못했는지 알더라도 그에게 복음을 전하기란 여간 어려운 일이 아니다. 그런데 전도 소그룹은 이 문제를 손쉽게 해결할 수 있다. 전도 소그룹은 교회는 출석하지만 아직 회심을 경험하지 못한 성도가 교회 안에서 공식적으로 복음을 들을 수 있는 기회를 제공하기 때문이다. 존 피니(John Finney)는 알파를 비롯한 영국의 전도 소그룹(목양 그룹)이 교회에 끼친 목회적 유익을 『새로운 전도가 온다』(Emerging Evangelism)라는 책에서 이렇게 서술하였다. "주로 비그리스도인들을 염두에 두고 만들어졌지만 그 과정에 참석하는 기존 교인들에게도 종종 심오한 영향을 끼치며 예배, 전도, 교회의 사기에 좋은 영향을 끼친다."[2] 셋째, 전도 소그룹은 선교적 교회(Missional Church)를 세우는 데 유익하다. 교회에는 전도의 은사가 뛰어난 성도들도 있지만 대부분의 성도들은 그렇지 않다. 만일 전도를 개인에게 맡기면 대부분의 성도들은 전도에서 손을 놓게 된다. 이러한 현상은 전교인을 동원하는 전도집회에서도 피하기 어려운 목회적 과제다. 교회 차원에서 전도를 강조하면 전도를 어려워하는 성도들은 소외감을 느끼고 때로는 죄책감에 빠진다. 그렇다고 전도를 강조하지 않으면 전도 없는 신앙생활이 교회의 전반적인 분위기를 지배한다. 이 문제에 대한 목회적 대안이 전도 소그룹이다. 모든 성도들이 전도에 동참하는 선교적 교회를 만들기 위해 전도의 은사가 있는 성도와 그렇지 않은 성도들이 하나의 소그룹에서 함께 전도할 수 있다.

전도 소그룹의 목회적 의미를 설명하기 위해 에베소서 2장 20절의 구절을 살펴볼 필요가 있다. "너희는 사도들과 선지자들의 터 위에 세우심을 입은 자라 그리스도 예수께서 친히 모퉁잇돌이 되셨느니라." 에베소서의 중심 주제가 교회론이라는 점을 고려할 때, 이 구절에서

"너희"는 에베소교회를 포함한 지상의 교회로 이해할 수 있다. 그러면 에베소서 2장 20절은 교회의 기초가 무엇인지를 보여주는 구절이다. "사도들과 선지자들의 터"는 신구약성경으로 해석할 수 있고, "그리스도 예수"는 보다 구체적으로 예수 그리스도의 복음이라고 이해할 수 있다. 곧, 신구약성경과 신구약성경이 가르치는 예수 그리스도의 복음이 교회의 기초와 토대라는 뜻이다. 여기까지는 성경구절에 근거한 목회적 당위성에 해당한다. 문제는 어떻게 지역 교회의 기초를 신구약성경에 두고, 교회의 토대를 예수 그리스도의 복음에 둘 수 있는가라는 목회적 측면의 질문이다. 다시 한번 대형집회로서의 주일 예배와 그와 대비되는 전도 소그룹을 구분해보자. 교회의 토대를 예수 그리스도의 복음에 두기 위해 매주 주일예배의 설교 주제를 기독교 복음에 맞출 수 있을 것이다. 그러나 한 사람의 목회자가 얼마나 자주 그리고 오랫동안 주일예배에서 복음설교를 할 수 있을까? 설교자와 교회의 회중마다 차이가 존재하지만, 분명 일 년 이상 매주 복음 설교를 하기는 매우 어려운 일이다. 이때도 가능한 대안이 전도 소그룹이다. 전도 소그룹 안에서 어떤 성도는 복음을 전하고, 어떤 성도는 복음을 듣는다. 그러한 모임이 매주 진행된다면 강단에서 복음을 설교하는 것보다 훨씬 효율적으로 모든 성도들이 복음의 메시지를 가까이하게 된다. 교회의 토대를 예수 그리스도의 복음에 두기 위한 목회 방법론 가운데 전도 소그룹만큼 확실한 대안은 찾아보기 어렵다.

에베소서 2장 20절은 교회의 토대가 예수 그리스도의 복음이며, 교회의 기초는 신구약성경이라고 선언한다. 교회의 토대를 예수 그리스도의 복음에 두기 위한 목회적 대안이 전도 소그룹이라면, 교회의 기초를 신구약성경에 두기 위한 목회적 대안은 무엇일까? 조금 뒤에 다룰 목양 소그룹이 그 답이다. 목양 소그룹에서는 성경을 함께 읽고 그 내용을 자신의 삶에 적용하는 것이 핵심이기 때문이다. 결론적으로 에베소서 2장 20절이 강조하는 바와 같이, 교회의 기초가 신구약성경이요 교회의 토대가 예수 그리스도의 복음이라면, 이를 목회적으로 실행할 수 있는 탁월한 방법이 전도 소그룹과 목양 소그룹이다.

지역 교회가 전도 소그룹을 구성하는 방식은 크게 두 가지로 구분할 수 있다. 첫째는 전도 소그룹을 처음부터 새롭게 조직하는 방식이다. 알파코스와 같은 프로그램을 도입하여 이를 위한 소그룹을 구성할 수 있다. 전도 소그룹으로 가장 대중적인 알파코스는 『인생의 의문점들』(Questions of Life)이라는 책이 소개하는 10개의 주제를 다룬다. 그 외에도 주말수양회를 통해 성령의 역사에 대해 알아간다. 알파코스의 소그룹 진행 방식에서 특징적인 것은 '토크'(talk)다. 먼저 각 주제에 대한 토크 영상을 참여자들이 함께 시청한다. 그리고 그 주제에 대해 자유롭게 이야기를 나눈다. 모임을 이끄는 리더가 존재하지만 리더가 기독교의 핵심 교리를 제시하기보다는 알파코스에서 제공하는 토크 영상을 함께 시청하는 방식을 취한다. 이처럼 기존의 전도 프로그램을 도입하고 그에 따라 전도 소그룹을 구성하는 방식의 장점은 양질의 콘텐츠를 제공받을 수 있다는 것이다. 알파코스는 토크 영상을 제공하기에 디지털자료를 보다 효율적으로 공유할 수 있는 온라인 소그룹에서 그 장점을 더욱 발휘할 수 있다. 온라인 소그룹의 중요성이 강조되는 팬데믹 시대에 적합한 전도 방식이다. 그러나 지역 교회가 알파코스와 같은 프로그램을 새롭게 도입하기 위해서는 도입 초기부터 교회의 인적, 물적 자원을 전도 소그룹에 집중적으로 동원해야 한다는 단점도 있다.

지역 교회가 전도 소그룹을 구성하는 또 하나의 방법은 기존의 전도자들을 소그룹으로 묶어 운영하는 방식이다. 이미 많은 교회가 전도대를 운영하고 있다. 전도대원을 2~3명씩 나눈다면 각 그룹이 전도대상자를 한두 명만 초대하여도 4~5명이 함께 모이는 소그룹이 된다. 이와 같은 방식을 취할 때 참고할 수 있는 자료가 '전도폭발'(Evangelism Explosion)이다. 전도폭발을 하나의 프로그램으로 지역 교회에 도입할 수도 있지만 전도폭발의 원리를 전도 소그룹에 활용할 수도 있다. 전도폭발은 전도자 세 명과 전도대상자 한 명이 함께 만나는 구조다. 이러한 네 명의 모임은 대중을 상대로 하는 목회와 비교할 때 분명 소그룹 목회의 한 형태다. 그런데 전도자 세 명과 전도대상자 한 명의 만남을 소그룹 목회로 이해하지 않으면, 전도자 세 명은 전도하기 위해 공격하고 대상자 한 명은 설득을 당하지 않기 위해 방어하는 매우 불편한 만남이 될 수 있다. 전도폭발에서는 이러한 위험성을 방지하기 위해 세 명이 한 사람에게 말하는 것이 아니라 네 친구가 다정한 대화를 나누는 분위기를 만들라고 조언한다. 소그룹 안에서 서로 다정한 친구가 되면, 그 친밀함 속에서 전도자는 대화의 형식으로 복음을 전한다. 이러한 전도폭발의 방식은 소그룹 목회의 관점에서 평가할 때 분명 전도 소그룹 가운데 하나다.

전도폭발의 예에서 보듯, 전도 소그룹은 전도자와 그들이 초대한 전도대상자가 함께 모여 소그룹을 형성한다. 그런데 여기에서 한 가지 의문이 든다. 전도 소그룹의 목적은 어디까지나 전도다. 그러면 전도 소그룹은 소그룹에 참여한 사람들 가운데 오직 전도대상자에게만 유익한 소그룹인가? 전도대상자가 전도 소그룹에서 복음을 들을 수 있는 기회를 얻는다면, 동일한 모임에 참여하는 전도자들은 그 모임에서 얻을 수 있는 유익이 무엇인가? 이 질문에는 전도 소그룹의 매우 중요한 특징이 담겨 있다. 전도 소그룹은 전도대상자에게는 신앙생활의 시작점이 되지만, 동시에 전도자에게는 전도 역량이 자라나는 사역훈련 소그룹으로 작용하기 때문이다. 그러므로 전도와 훈련이라는 두 축이 서로를 자극할 때 전도 소그룹은 시간이 흐를수록 더욱 활력을 갖게 된다. 전도 소그룹에서 훈련된 전도자가 배출될 수 있으며(훈련), 훈련된 전도자를 통해 전도의 열매가 풍성해지는(전도) 선순환의 과정이다. 만일 전도 소그룹의 목적을 전도 한 가지에만 둔다면 전도 소그룹에서 일어나는 훈련의 측면을 간과하게 된다. 결과적으로 전도자에 대한 훈련이 약화되고, 이는 또 다시 전도 소그룹 내에서 전도의 열매가 보이지 않는 악순환을 초래한다. 이러한 차이는 전도 소그룹의 두 축인 전도와 훈련에 대한 목회자의 분명한 인식에 달려 있다. 교회 안에 전도대를 구성하고 함께 기도하며 삼삼오오 그룹을 나누어 파송했음에도 불구하고 전도의 열매가 잘 보이지 않는다면 그 과정에서 훈련의 측면이 얼마나 효과적으로 진행되고 있는지를 점검해 보아야 한다.

전도 소그룹의 한 축이 훈련이기에 전도 소그룹의 운영에는 목회자의 역할과 역량이 매우 중요하다. 전도폭발의 설립자 제임스 케네디(D. James Kennedy)는 목회자들을 대상으로 세미나를 인도할 때마다, 목회자 자신이 습관적으로 전도 현장에 나가며 그 자리에 평신도를 동참시켰는지를 질문했다. 수천 명의 목회자를 대상으로 질문한 결과, 전도 현장에 평신도를 데리고 가는 목회자는 약 3~4%정도였다고 한다. 제임스 케네디는 당시 미국 교회 성도들이 전도하지 못하는 이유가 바로 여기에 있다고 진단했다.[3] 전도 소그룹의 한 축인 훈련을 활성화하기 위해 목회자는 반드시 전도 소그룹에 직접 참여해야 한다. 소그룹 안에서 전도대상자와 다정한 친구가 되는 과정을 성도들에게 직접 보여주어야 한다. 친밀함 위에 어떻게 복음을 제시하는지, 나아가 전도대상자를 어떻게 신앙생활로 안내하는지도 목회자가 직접 보여주어야 한다. 이것이 소그룹 목회의 중요한 원리인 모방을 통한 교육이다. 목회자가 모든 전도 소그룹에 참여할 필요는 없다. 단지, 목회자가 전도 소그룹에 정기적으로 참여하여 전도 현장에서 소수의 전도자를 지속적으로 훈련하면 충분하다. 훈련된 전도자는 또 다른 전도 소그룹에서 전도의 열매를 맺을 것이고, 그 과정에서 새로운 전도자가 훈련을 받게 된다. 그러나 분명한 사실은 전도와 훈련이라는 전도 소그룹의 두 축이 함께 움직일 수 있는 원동력은 목회자가 직접 제공해야 한다는 점이다. 기존의 전도대원을 전도 소그룹이라는 이름으로 그룹만 나눈다고 전도와 훈련이라는 전도 소그룹의 역동성은 일어나지 않는다.

전도 소그룹의 주제는 언제나 복음이다. 전도 소그룹만큼 신앙의 시작과 완성이 복음 안에 있음을, 그리고 인생의 모든 해답이 예수 그리스도 안에 있음을 참여자들이 깊고 풍성하게 체험할 수 있는 목회 현장도 드물다. 동시에 전도 소그룹은 타자를 위해 복음을 실천하는 공간이다. 전도 소그룹은 기독교인이라는 동질감으로 모이는 여타의 소그룹과 다르다. 성도들이 기독교의 용어와 문화에 익숙하지 않은 이들과 서로 친구가 되는 소그룹이며, 그들의 눈높이에 맞춰 복음을 전하기 위해 노력하는 실천의 장이다. 이 과정에서 여전히 진리를 찾는 구도자만이 아니라 이미 복음의 진리를 발견한 신자도 복음 안에서 자기 인생의 바른 길을 찾아가는 복음의 역동성이 발현되는 현장이다. 그러므로 목회자가 직접 뛰어들어 전도자의 삶을 펼쳐 보인다면, 복음의 능력이 가장 강력히 드러나는 곳이 전도 소그룹이다.

목양 소그룹

한국 교회 안에 가장 보편적인 소그룹이 이제부터 다루려는 목양 소그룹이다. 교회에 따라 구역, 목장, 셀, 순 등 다양한 용어를 사용하고 있지만 한국 교회의 목양 소그룹은 그 특성이 비슷하다. 제1부에서 구역 모델, 메타 모델, 가정교회 모델 등 소그룹 목회의 다양한 유형을 소개하였는데 한국 교회의 목양 소그룹은 대부분 구역 모델이기 때문이다. 구역 모델과 가정교회의 가장 결정적인 차이는 상부구조의 유무다. 가정교회는 소그룹이 하나의 독립된 교회이기에 여러 소그룹을 관장하는 상부구조가 없다. 반면 구역 모델은 소그룹이 교회의 한 부분이기 때문에 여러 소그룹을 관장하는 컨트롤타워가 존재한다. 한국 교회의 목양 소그룹은 그 용어가 어떠하든 모든 소그룹이 담임 목사의 지도 아래 있기에 넓게 보아 구역 모델로 평가할 수 있다.

구역 모델의 시발점인 여의도순복음교회가 구역을 시작한 중요한 목적은 교회 성장이었다. 1981년에 출판한 영문판 도서인『성공적인 구역』(Successful Home Cell Group)에서 조용기 목사는 구역이 전도에 기여하는 역할로 뒷문을 잠그는 효과를 언급한다. 교회의 전도 활동으로 성도들이 들어오지만 정작 그만큼 빠져나간다면 교회가 성장하기 어렵다. 그런데 구역 안에서 친근감과 소속감을 느낀 새가족은 쉽게 교회를 떠날 수 없기에 구역의 활성화가 교회의 뒷문을 잠그는 역할을 한다는 이야기다. 조용기 목사는 구역과 교회 성장의 관계를 세포 분열로 설명하기도 한다. 건강한 사람은 시간이 흐르면 자연스럽게 세포가 분열하고 이것이 어린이가 성인으로 성장하는 과정이다. 마찬가지로 구역이 교회 성장으로 이어질 수 있는 가장 중요한 요인은 분가에 있다. 세포가 분열하여 그 몸이 성장하듯, 작은 단위인 목양 소그룹의 분가가 진행될수록 큰 단위인 교회는 성장하게 된다.

목회의 두 기둥은 전도와 양육으로 구분할 수 있다. 그리고 전도에 해당하는 소그룹 활동이 전도 소그룹과 목양 소그룹이라면, 양육에 해당하는 소그룹 활동은 리더양성 소그룹과 사명 소그룹이다. 이처럼 전도 소그룹 외에도 목양 소그룹을 전도라는 목회의 큰 기둥으로 구분하는 이유는 목양 소그룹이 전도 소그룹과 함께 새가족의 전도와 교회 정착에 중요한 역할을 하여 교회 성장을 돕기 때문이다. 조용기 목사의 표현을 빌리자면, 전도 소그룹과 목양 소그룹은 교회의 앞문과 뒷문이라고 말할 수 있다. 그런데 21세기로 접어들면서 한국 교회의 목양 소그룹은 전도나 교회 성장에 별로 역할을 하지 못하고 있다. 이는 목회 현장에 있는 대부분의 목회자가 관찰하는 바인데, 과연 그 원인은 무엇일까? 20세기말까지 행해진 교회의 전도를 소그룹 목회의 관점에서 분석하면 '전도 집회 - 목양 소그룹' 구조가 된다. 새가족이 교회를 찾아오는 앞문이 전도 집회요, 그들이 교회를 떠나지 못하게 뒷문을 잠그는 역할이 목양 소그룹이었다는 뜻이다. 부흥의 시대에는 전도 집회로 많은 새가족이 찾아왔고 구역을 비롯한 목양 소그룹은 빈번하게 분가할 수 있었다. 그런데 21세기로 접어들면서 전도 집회를 통해 교회를 찾아오는 사람들의 숫자가 현저히 줄어들었다. 팬데믹의 시대를 지나며 한국 교회는 더욱 깊은 침체기를 맞이하고 있다. 자연스러운 결과로 목양 소그룹은 분가를 멈추었다. 교회에 새가족이 늘어나면 목양 소그룹은 자연스럽게 활성화되지만, 교회가 침체기를 맞이하면 목양 소그룹은 어떠한 방법을 동원하여도 침체기를 벗어나기 어렵다. 목양 소그룹은 뒷문이지 앞문이 아니기 때문이다. 이처럼 목양 소그룹이 교회의 뒷문이라는 관찰은 목양 소그룹의 활성화가 교회의 전도에 달려있다는 통찰력을 준다.

'전도 집회 - 목양 소그룹'의 구조가 더 이상 작동하지 않는다면 우리는 목양 소그룹의 활성화를 위해 어떠한 구조를 만들어야 할까? 그 대안에 대해서는 이미 전도 소그룹을 다루며 부분적으로 제시했다. 그것을 이제 명시적으로 표현한다면 '전도 소그룹 - 목양 소그룹'의 구조다. 20세기 말까지 효과적으로 부흥의 시대를 견인했던 '전도 집회 - 목양 소그룹'의 구조에서 전도 집회를 전도 소그룹으로 대체한 구조다. 한국 교회는 이미 정체기에 접어들었고 팬데믹 시대는 이를 가속화하는 것이 엄연한 현실이다. 그렇다고 목양 소그룹을 포기할 것인가? 나아가 전도라는 목회의 큰 기둥을 포기할 것인가? 그것이 아니라면, 우리 시대의 전도 역동성은 전도 소그룹에서 시작되어야하고 전도 소그룹의 역동성은 목회자에게 달려있다는 명백한 사실을 다시 한번 강조해야 한다. 팬데믹 시대에는 더욱 힘겨운 일이지만, 전도 소그룹이 활성화되어야 목양 소그룹의 역동성이 살아날 수 있다. 동시에 목양 소그룹의 역동성이 살아나면 전도 소그룹에도 활력을 불어넣는다. 그런데 이러한 선순환을 일으키는 시발점은 어디까지나 뒷문인 목양 소그룹이 아니라 앞문인 전도 소그룹이다.

목양 소그룹은 소그룹을 운영하는 방법론에 있어 매우 중요한 특징이 있다. 그것을 이해하기 위해서는 먼저 수료와 반복의 차이를 알아야 한다. 목회 프로그램은 방법론적 차이에 따라 수료하는 프로그램과 반복하는 프로그램으로 구분할 수 있다. 수료하는 대표적인 프로그램이 제자훈련이다. 제자훈련은 소정의 과정을 마치면 수료증이 발급되고, 수료증을 받은 사람은 스텝으로 섬기지 않는다면 더 이상 그 프로그램에 참여하지 않게 된다. 그러나 반복하는 프로그램은 아무리 오래 참여하여도 수료증이 발급되지 않으며 신앙생활을 하는 동안 지속해서 참여하게 된다. 이천 년의 기독교 역사에서 교회의 주요한 활동은 예배, 기도, 묵상, 절기 행사 등 대부분 반복하는 프로그램이었다. 이와 같이 반복하는 프로그램은 수료라는 개념이 없기에 성도들이 동일한 모임과 동일한 활동에 지속적으로 참여하게 된다. 그런데 최근 북미 기독교와 이에 영향을 받은 한국 기독교에서는 수료하는 프로그램이 유행하고 있다.

수료하는 프로그램은 단계별로 구성되기 마련이다. 국제제자훈련원의 제자훈련에서 '제자훈련'은 하위 단계이고 '사역훈련'은 상위 단계다. 온누리교회의 일대일제자양육 역시 '동반자반'이 하위 단계이고 '양육자반'이 상위 단계다. 많은 교회가 양육 프로그램을 수료 중심으로 진행하면서 지역 교회의 양육시스템을 4단계, 혹은 5단계로 구성하는 것도 같은 맥락에서 해석할 수 있다. 수료하는 프로그램은 단계별 구성이 불가피하기 때문이다. 단계별로 구성된 수료 프로그램에 대해 두 가지 비판을 제기할 수 있다. 먼저, 신학적 비판으로 신앙의 성숙 과정은 양육시스템이 전제하는 것처럼 단선적이지 않다는 점이다. 성경이 묘사하는 신앙의 여정은 단선적인 발달 단계가 아니라, 순례자의 길이다. 신앙의 여정은 천국 본향이라는 목표점은 있지만 그 과정이 무수히 다양함에도 불구하고 단계별로 구성되는 수료 프로그램은 이러한 신앙의 다양성을 포용하기 어렵다. 단계별 수료 프로그램에 대한 또 하나의 비판은 교회 현장에서 흔하게 드러나는 문제점으로 수료한 단계에 따라 개인의 신앙 단계를 평가하는 잘못이다. 새가족성경공부에 참여하는 성도의 신앙은 초급단계이고 사역훈련이나 전도훈련을 수료한 성도의 신앙은 고급단계에 이른 것처럼 착각하는 경향이다. 제아무리 많은 양육 프로그램을 수료하더라도 모든 성도는 의인이면서 죄인인데 자칫 수료한 프로그램의 숫자가 성도 개인의 계급장으로 작용할 수 있다.

교회의 소그룹에는 수료하는 프로그램도 있고 반복하는 프로그램도 있다. 전도 소그룹은 그 안에 복음의 능력이 강력하게 발휘된다는 장점이 있지만 그 모임의 목적은 명확히 전도에 있다. 전도 소그룹에 참여하여 신앙생활을 시작했다면 전도자가 되어 그 모임에 참여하지 않는 이상 그는 전도 소그룹에서 떠나야 한다. 수료하는 프로그램인 것이다. 이후 살펴볼 리더양성 소그룹과 사명 소그룹도 동일하다. 그러면 반복하는 소그룹은 무엇인가? 그것이 목양 소그룹이다. 단계별로 구성된 수료 프로그램의 단점이 신앙생활의 여정을 단선적으로 간주하는 경향이라고 지적했는데, 목양 소그룹은 이러한 위험성을 상쇄

시키고 개인의 다양한 신앙 여정을 충분히 담아낼 수 있는 소그룹 현장이다. 전도를 받아 복음을 믿어 칭의를 얻은 성도는 이제 성화의 과정을 거쳐야 한다. 그리고 이 성화의 과정은 개인적 혹은 우주적 종말의 때까지 계속된다. 이 과정에서 사람들마다 다양하게 경험하는 신앙의 여정을 폭넓게 포용하며 마지막 종말의 순간까지 지속적인 성화를 촉진할 수 있는 소그룹 활동이 바로 목양 소그룹이다.

반복하는 프로그램은 동일한 진행 방식 안에서 참여자들이 다양한 경험을 체험할 수 있어야 오랫동안 지속할 수 있다. 기독교의 반복하는 프로그램 가운데 가장 대표적인 것은 단연코 예배다. 예배가 기독교 역사 이천 년 동안 반복될 수 있었던 실천신학적 이유도 매주 동일한 방식으로 진행되지만 그 안에 말씀과 찬양과 기도의 다양성이 매주 색다른 체험을 가능하게 했기 때문이다. 반복하는 프로그램인 목양 소그룹도 오랜 시간 지속되기 위해서는 그 안에 다양한 체험이 가능해야 한다. 그러면 목양 소그룹 안에서 다양한 신앙의 체험을 가능하게 만드는 요소는 무엇인가? 그것은 모든 성도가 다양한 신앙의 여정을 걷는다는 사실이다. 만일 전도 소그룹이 활성화되어 목양 소그룹이 정기적으로 새가족을 받아들인다면 목양 소그룹 안에서 경험하는 체험의 다양성도 함께 확대된다. 정기적으로 목양 소그룹의 조직을 개편하는 경우가 있는데 이 역시 목양 소그룹의 활성화에 단기적으로 도움이 된다. 그 이유는 동일한 방식의 모임이지만 구성원이 달라져 새로운 신앙의 여정을 직간접적으로 체험할 수 있기 때문이다. 이러한 현상들은 목양 소그룹의 반복이라는 특징이 신앙 여정의 다양성과 잘 어울리기 때문이다.

앞에서 목양 소그룹을 전도 소그룹과 함께 전도라는 목회의 기둥에 속하는 소그룹 활동으로 분류하였다. 이는 목양 소그룹을 전도와 교회 성장이라는 관점에서 보았을 때의 구분이며, 오순절적이고 번영신학적인 가치관을 가지고 있었던 조용기 목사가 목양 소그룹을 바라보았던 관점이기도 하다. 그러나 여기에는 목양 소그룹의 중요한 가치가 한 가지 배제되어 있다. 목양 소그룹은 반복하는 프로그램으로 거듭난 성도들이 경건한 삶을 위해 성화의 과정을 걸어가는 현장이 될 수도 있다. 그런 점에서 목양 소그룹은 목회의 두 기둥 가운데 전도를 위한 소그룹 목회로 구분할 수도 있지만, 동시에 양육을 위한 소그룹 목회로 구분할 수도 있다. 한국 교회의 가장 대중적인 소그룹인 목양 소그룹의 목적이 어디를 향하고 있는지는 매우 중요한 관찰이다. 지역 교회의 목회자가 사랑, 돌봄, 친교, 섬김 등 목양 소그룹의 다양한 가치를 이야기하더라도 궁극적은 목표가 새가족 관리과 분가를 통한 교회 성장에 있다면, 그들이 실제로 추구하는 기독교직 가치는 조용기 목사와 동일하게 전도와 교회 성장이라고 평가할 수 있다. 반대로 지역 교회의 목양 소그룹이 성화를 위한 경건 훈련에 초점이 있다면, 그 교회가 추구하는 기독교적 가치가 성화와 경건의 훈련에 있다고 판단할 수 있다. 이 책에서 누누이 강조한 바와 같이 소그룹은 그 소그룹을 채택한 기독교 공동체의 영성을 담지하는 특성을 가지고 있기 때문이다.

목양 소그룹의 중요한 초점이 경건 훈련이라면, 이제 말씀 묵상의 중요성이 대두된다. 장로교회가 한국 교회의 다수를 차지한다는 점을 기억한다면, 경건 훈련에서 말씀 묵상의 중요성은 더욱 분명해진다. 개혁교회는 존 칼뱅의 신학 전통을 이어받아 신자들이 하나님의 뜻을 배우고 순종할 수 있는 율법의 세 번째 사용을 강조하기 때문이다. 그런 점에서 목양 소그룹의 말씀 묵상에 대한 강조는 감리교운동의 속회와 구별되는 점이다. 웨슬리가 창안한 속회의 모임은 말씀 묵상의 순서를 크게 강조하지 않았다. 그 대신 자신의 영적 상태와 자신에게 찾아온 영적 유혹이 무엇이었으며 '그러한 유혹을 어떻게 이겨냈는지'를 주로 나누었다. 여의도순복음교회의 구역에서는 성경공부의 순서가 있었지만 주로 조용기 목사의 오중복음과 삼중축복을 학습하는 과정이었고, 더 많은 시간은 서로의 필요를 위해 기도하는 중보기도와 전도대상자를 놓고 기도하는 태신자기도에 할애되었다. 그런 점에서, 말씀 묵상을 통한 경건훈련에 대한 강조는 개혁교회 전통을 따르는 목양 소그룹의 특징이라고 평가할 수 있다. 물론, 신학을 공부하지 않은 평신도들로 구성된 목양 소그룹이 성경을 읽고 그 뜻을 바르게 깨달아 경건의 훈련을 올바르게 수행할 수 있을지 의문이 들 수 있다. 개혁교회 전통은 인간에 대한 부정적 견해가 강하기에 한국 개신교 안에서 이러한 의구심은 더욱 두드러질 수밖에 없다. 그러나 평신도들만의 모임인 목양 소그룹에서도 말씀 묵상을 통한 경건의 훈련이 얼마든지 가능하다. 그 이유는 한국 교회에 큐티라는 이름으로 대중화된 말씀 묵상의 특성 때문이다. 그 특성이란 (1) 순차적 읽기와 (2)

귀납적 접근으로 요약할 수 있다.

목양 소그룹의 말씀 묵상은 주로 순차적 읽기(Letio Continua) 방식을 채택한다. 순차적 읽기란 성경의 한 권을 처음부터 마지막까지 순서대로 읽는 것을 말한다. 성경을 순서대로 읽는 것이 무엇이 특별하냐고 반문할 수도 있다. 그러나 1519년 1월 1일 츠빙글리(Ulrich Zwingli)가 새해를 시작하면서 취리히 그레이트 미니스터(Great Minister)에서 마태복음 1장 1절부터 신약 성경을 순차적으로 설교하기 시작한 것은 곧 로마가톨릭교회와의 단절을 의미했다. 당시 모든 서방교회가 사용하고 있던 성구집(lectionary)을 거부한 행동이기 때문이다. 불링거(Heinrich Bullinger)는 츠빙글리의 이 용기 있는 행동을 "주의 복음을 난도질하기"를 거부한 것이요, "어떤 인간적인 첨가물 없이" 설교한 것이라고 묘사했다.[4] 로마가톨릭교회는 교회력과 나름의 신학적 체계에 맞추어 성경을 재배치하여 성구집을 만들었지만, 츠빙글리는 그 어떠한 신학적 체계보다도 성경 자체가 스스로 말하게 하는 것(let the Bible speak)을 중요하게 여겼기 때문이다. 츠빙글리의 순차적 읽기는 존 칼뱅에게 이어져 개혁교회의 전통을 형성하였고, '오직 성서'(Sola Scriptura)라는 종교개혁의 원칙을 구체적으로 실천하는 하나의 방법론이 되었다.

목양 소그룹에서 일어나는 말씀 묵상의 두 번째 특징은 귀납적 접근이다. 성경 연구 방법론은 논리의 흐름에 따라 크게 두 가지로 분류할 수 있는데, 곧 연역적 방법과 귀납적 방법이다. 연역적 방법은 주제를 먼저 정하고 주제와 연관된 성경 본문을 연구한다. 그러나 귀납적 방법은 성경 본문을 먼저 탐구하고 그 본문에 담긴 주제를 다룬다. 목양 소그룹의 말씀 묵상은 기본적으로 귀납적 방법론에 서 있다. 귀납적 성경 연구는 '관찰 - 해석 - 적용'의 순서로 진행되는데, 목양 소그룹의 말씀 묵상 역시 '읽기 - 묵상 - 적용'의 순서다. 그리고 아래의 표에서 보는 바와 같이 그 내용은 거의 동일하다. 여기에서 중요한 점은 언제나 관찰과 읽기에서 시작해 적용으로 마쳐야 한다는 점이다. (아래의 표에서 화살표의 방향에 주목하라). 만일 관찰이나 읽기가 선행되지 않으면 해석이나 묵상이 불가능하며, 해석이나 묵상이 선행되지 않고는 적용이 불가능하다. 그러므로 개인이나 공동체의 주관적인 관심사를 배제하고 성경을 있는 그대로 이해하여 개인의 생각이나 행동을 성경의 관점에 맞추어야 한다는 기본 전제가 목양 소그룹의 말씀 묵상과 귀납적 성경 연구 사이의 공통분모다.

귀납적 성경 연구		목양 소그룹의 말씀 묵상	
관찰	선입관을 버리고 본문에 기록되어 있는 내용만을 관찰한다.	읽기	본문을 읽으며 본문의 의미를 이해한다.
해석	본문을 통해 시간과 공간을 초월한 교훈을 찾아낸다.	묵상	본문을 통해 오늘 나에게 주시는 하나님의 음성을 듣는다.
적용	해석을 통해 얻은 교훈을 오늘 우리에게 적용한다.	적용	묵상을 통해 얻은 교훈을 개인의 삶에 구체적인 실천으로 옮긴다.

위에서 설명한 말씀 묵상의 특징은 원칙론일뿐 목양 소그룹에서 실제로 펼쳐지는 평신도의 말씀 묵상은 지극히 주관적이고 개인적이라고 반박할 수 있다. 그리고 이는 어느 정도 사실이다. 다만, 성도 개인의 말씀 묵상이 지나치게 주관적으로 흐르는 것을 방지하는 최고의 방법도 목양 소그룹이라는 점은 기억해야 한다. 누군가 본문의 의도에 반하는 지나친 묵상과 적용을 하였더라도, 목양 소그룹에 참여하여 다른 사람의 말씀 묵상을 듣다 보면 자연스럽게 자신의 묵상이 본문을 왜곡했다는 사실을 알 수 있기 때문이다. 아울러, 목양 소그룹 안에서 말씀 묵상이 지나치게 주관적이고 개인적인 묵상으로 흘러갈 위험성은 목양 소그룹과 관련하여 목회자의 역할이 중요함을 의미한다. 물론, 목양 소그룹의 경우 목회자가 모임을 직접 인도하는 경우도 있지만 목양 소그룹의 리더는 어디까지나 목회자가 아닌 평신도다. 그렇다고 목양 소그룹의 말씀 묵상과 관련하여 목회자의 역할이 축소되는 것은 결코 아니다. 오히려, 목양 소그룹이 말씀 묵상을 통한 경건 훈련의 현장이 되기 위해서는 목회자의 역할이 절대적이다.

정성국 교수는 『묵상과 해석』이라는 책에서 이렇게 단언한다. "해석의 목적이 해석 방법에 우선한다."[5] 그가 말하는 해석의 목적은 해석의 준거점이라고 표현하기도 하는데 곧 작은 개개의 사건을 해석하는 거대한 이야기를 뜻한다. 쉽게 말해, 그리스도인들에게 성경을 해석하는 준거점은 예수 그리스도의 십자가 죽음과 부활 사건이다. 이 거대한 복음의 이야기(Meta-Narrative)를 준거점으로 하여 구약과 신약의 다양한 이야기들은 해석된다. 이때 해석의 방향을 결정짓는 것은 해석의 목적인 거대한 이야기지, 세세한 본문을 해석하는 다양한 방법론이 아니라는 것이다. 정성국 교수의 논점을 목양 소그룹의 말씀 묵상에 적용하면 이런 결론을 얻게 된다. 말씀 묵상의 결과를 좌우하는 것은 목양 소그룹의 해석 준거점인 기독교의 복음이지 성경 본문에 대한 개인의 관점이 아니다. 그러므로 교회 공동체가 기독교의 복음을 가슴 깊이 공유하고 있다면 말씀을 묵상하는 과정에서 때로는 주관적이고 개인적인 묵상에 치우치더라도 크게 염려할 것이 없다.

그런 점에서 목양 소그룹의 말씀 묵상과 관련하여 목회자의 가장 중요한 역할은 말씀 묵상의 세세한 진행과 설명이 아니다. 목양 소그룹에서 다루는 성경 본문을 목회자가 매번 해설해 주는 것은 더욱 아니다. 목양 소그룹을 위한 목회자의 가장 중요한 역할은 강단에서 설교를 통해 이루어진다. 목회자가 강단에서 성경을 해석할 수 있는 거대한 관점을 제시해준다면, 목양 소그룹 안에서 성도들은 그 거대한 관점 안에 자신의 개별적인 묵상과 적용을 채운다. 모든 사람이 각자의 다른 얼굴을 가지고 있듯 성도들의 신앙 여정은 모두 독특하기에 그들의 성경 묵상과 적용도 서로 다르다. 그리고 이러한 다양성은 반복하는 프로그램인 목양 소그룹을 풍성하게 만드는 원동력이 된다. 그리하여 목양 소그룹은 순례자의 길을 걷는 성도들의 다양한 이야기가 하나로 모여 거대한 하나님의 이야기를 만들어가는 현장이 된다. 하나님께서 행하시는 거대한 구원의 이야기가 우리가 믿는 복음의 진리라면, 목양 소그룹 안에서 발견하는 성도들의 구체적인 신앙 이야기는 그 위대한 진리의 다양한 조각이 된다.

"God's Story is The Truth. And Your Story is A Truth."

리더양성 소그룹

리더양성 소그룹의 목적은 목양 소그룹의 리더를 양성하는 데 있다. 목양 소그룹을 부르는 명칭에 따라 구역장, 순장, 목장 등 그 리더를 부르는 호칭 역시 달라진다. 그러나 변하지 않는 것은 목양 소그룹의 리더는 평신도이며, 목양 소그룹의 분위기는 평신도 리더에 따라 크게 좌우된다는 점이다. 조용기 목사는 구역을 세포에 비유하면서 구역장을 세포의 핵이라고 불렀다. 존 웨슬리 역시 소그룹의 리더가 세워지지 않았다면 소그룹을 시행하는 것 자체를 보류해야 한다고 주장했다. 그만큼 평신도가 주관하는 목양 소그룹에서는 어떠한 사람이 리더가 되느냐가 중요하다. 여기에 평신도를 목양 소그룹의 리더로 세우는 목회의 필요성이 대두되고 이를 수행하는 소그룹이 리더양성 소그룹이다.

한국 교회에서 목양 소그룹의 리더를 훈련하는 과정을 보면 정해진 시간과 장소에 목양 소그룹의 리더를 함께 모아 가르치는 대형집회의 특성을 보이는 경우가 많다. 팬데믹의 시대를 지나며 함께 모일 수 없으니 어떤 교회는 영상을 제작하여 소그룹 리더들에게 배포한다. 영상을 공유하든 문서 자료를 배포하든 목회자가 평신도 소그룹 리더에게 자료를 일방적으로 공급한다는 점에서 이 역시 소그룹의 형태가 아니라 대형집회의 특성을 따른다고 평가할 수 있다. 그러면 목양 소그룹의 리더를 양성하기 위해 대형집회 방식을 택하는 것이 적절할까? 그렇지 않다. 전도 훈련을 위해서는 강의만으로 부족하고 전도 소그룹에서 시범을 직접 보며 실습의 기회를 가져야 하듯, 목양 소그룹의 리더가 되기 위해서는 소그룹의 역동성을 직접 체험해 보아야 한다. 리더양성 소그룹에서 경험한 실제 체험이 이후 그들이 주도하는 목양 소그룹의 분위기를 좌우하기 때문이다.

　지금도 한국 교회에 큰 영향력을 발휘하고 있는 국제제자훈련원의 제자훈련은 리더양성 소그룹으로 구분할 수 있다. 제자훈련을 수료한 사람만 목양 소그룹인 다락방의 순장이 될 수 있기 때문이다. 그리고 제자훈련은 기본적으로 5~12명의 소그룹 환경을 전제로 한다. 국제제자훈련원의 창립자인 옥한흠 목사는 제자훈련의 소그룹 환경(리더양성 소그룹)과 교회 전체의 소그룹 분위기(목양 소그룹)가 어떠한 관계인지를 이렇게 서술하였다. "제자훈련반이라는 소그룹을 강조하는 목적은 교회 전체의 요구에 부응하고자 하는데도 그 목적이 있다. 왜냐하면 전 교회가 소그룹으로 묶여 가능한 많은 수의 신자들이 몸의 지체로서 그 기능을 발휘하는 데 지장을 받지 않게 하는 문제는 전적으로 제자반에서 훈련을 받은 평신도 지도자들에게 달려 있기 때문이다."[6] 제자훈련을 소그룹 환경에서 진행해야 하는 중요한 이유 가운데 하나는 그곳에서 훈련받은 평신도가 교회의 소그룹 리더가 되기 때문이라는 정확한 관찰이다.

리더양성 소그룹의 목적이 목양 소그룹의 리더를 양성하는 것이라면, 리더양성 소그룹에서는 무엇을 가르치고 훈련해야 하는가? 소그룹 인도법 등 구체적인 기술을 먼저 떠올릴 수도 있다. 그러나 목양 소그룹의 특성을 생각해보면 보다 중요한 것이 있음을 알게 된다. 목양 소그룹에서는 참여자들 사이에 인격적 상호작용을 통하여 그의 말이 아닌 그의 삶을 공유한다. 그렇게 참여자들의 다양한 신앙의 이야기가 함께 어우러져 보다 넓은 하나님의 구원 이야기를 찾아가는 현장이 목양 소그룹이다. 그러므로 목양 소그룹의 리더는 단지 모임을 주관하는 사람이 아니라 그 자신의 신앙 여정을 통하여 참여자들과 소통하고 그 과정에서 다른 사람의 신앙 여정을 추동하는 사람이어야 한다. 여기에 리더양성 소그룹이 추구하는 훈련의 목표가 드러난다. 한 마디로, 목양 소그룹을 운영하는 교회나 기독교 공동체가 추구하는 기독교적 가치를 내면화한 사람을 양성하는 것이다. 기독교 공동체가 중요하게 여기는 가치를 이 책에서는 영성이라고 표현하였고, 리더양성 소그룹의 하나인 제자훈련에서는 그것을 제자도라고 부른다. 제자훈련의 용어를 빌리자면, 리더양성 소그룹의 목적은 제자도를 따르는 그리스도의 제자를 세우는 데 있다고 말할 수 있다. 그러므로 제자도라 부르든, 영성이라 부르든, 혹은 교회의 DNA라 부르든 리더양성 소그룹에서 가장 중요한 요소는 교회와 목회자가 추구하는 기독교적 가치다.

옥한흠 목사는 자신이 추구하였던 제자도를 세 가지로 표현하였다. 인격적 위탁자, 복음의 증인, 그리고 섬기는 종이다. 이는 개신교회가 대체적으로 받아들일 수 있는 영성이다. 그러나 옥한흠 목사의 제자도에서도 아쉬운 점은 발견된다. 한국 사회가 민주화 과정을 거치는 동안 한국 교회의 이른바 복음주의 진영은 대사회적 책임을 외면했다는 비판에서 자유롭지 못하다. 당시 복음주의 진영의 대표주자였던 옥한흠 목사 역시 자신의 제자훈련이 사회적 책임에 소극적 입장을 취할 수 있다는 가능성을 언급한 적이 있다. 이러한 한계를 인식했음에도 불구하고 제자훈련이 한국 복음주의 기독교의 시대적 한계에서 자유롭지 못한 이유에 대해 그의 제자도가 대사회적 책임을 언급하지 않았다는 점을 지적할 수 있다. 온누리교회의 창립자인 하용조 목사는 일대일제자양육이 추구하는 궁극적 가치로 '그리스도가 다스리는 삶'을 제시하였다. 이는 대다수의 개신교회에서 얼마든지 환영할 수 있는 영성이다. 그러나 하용조 목사 역시 복음주의 진영의 주요 지도자로서 당시 대사회적 책임에 소극적이었다는 비판에서는 자유롭지 못하다. 팬데믹의 시대를 지나며 우리 사회는 교회에 더 많은 사회적 책임을 요구하고 있다. 그러므로 옥한흠 목사나 하용조 목사가 제시했던 기독교적 가치를 팬데믹 시대의 소그룹 목회를 재구성하는 데에 그대로 활용하기에는 어려움이 있다. 그러면 무엇이 대안인가? 이에 대해서는 기독교 공동체와 목회자들의 수만큼 다양한 대답이 존재할

지도 모른다. 그 모든 논의를 다 다룰 수 없기에 이 책에서는 개혁교회의 영성인 경건을 하나의 대안으로 제시하고자 한다. 개혁교회의 영성인 경건이 구체적으로 무엇인가라는 질문에도 다양한 대답이 가능하겠지만, 팬데믹 시대의 한국 교회를 염두에 두며 다음의 세 가지로 답할 수 있다. 곧, (1) 경건을 추구하는 영적 여정, (2) 경건의 두 가지 요소인 성경과 기도 (3) 경건의 지향점인 자기 부정이다.

첫째로, 경건을 추구하는 영적 여정이다. 존 칼뱅은 『기독교 강요』에서 경건을 "하나님의 은혜에 대한 지식으로부터 시작된 하나님을 향한 사랑과 경외"라고 정의한다.[7] 이 정의에는 언뜻 상충하는 것처럼 보이는 두 개의 개념이 함께 놓여 있다. 하나님을 향한 경외와 하나님을 향한 사랑이 그것이다. 칼뱅은 모순처럼 보이는 이 두 가지 측면이 아버지라는 하나님의 이미지 안에서 조화를 이룰 수 있다고 주장한다. 주인 앞에선 종의 모습이라면 하나님을 경외할 수는 있지만 그분을 사랑하기는 어렵다. 그러나 아버지를 대하는 자녀의 모습이라면 하나님을 경외할 뿐만 아니라 하나님을 사랑하게 된다는 설명이다. 그러나 칼뱅은 그 누구도 이러한 경건의 이상적인 단계를 실현할 수는 없다고 생각했다. 그런 점에서 개혁교회 영성의 핵심인 경건은 완전한 상태가 아니라, 경건의 완성을 위해 지속적으로 전진하는 영적 여정을 의미한다. 이는 칭의와 성화라는 신학적 개념으로 설명할 수도 있다. 칼뱅은 칭의와 성화를 '은혜의 두 측면'(double grace)이라고 부르면서 칭의와 성화가 분리될 수 없음을 역설하였다. 칭의 없는 성화는 불가능하며 성화 없는 칭의는 불완전하다. 그러므로 하나님의 은혜로 의인이 된 성도들은 반드시 성화의 과정을 지속적으로 걸어가야 하는데 이것이 경건을 추구하는 영적 여정이다. 경건을 추구하는 영적 여정이 개혁교회 소그룹의 핵심 가치라는 사실은 목양 소그룹이 경건한 삶을 위한 성화의 과정이 되어야 한다는 신학적 근거가 되며, 리더양성 소그룹에서는 이 점을 충분히 강조해야 한다.

둘째, 경건의 두 가지 요소인 성경과 기도다. 경건은 지속적인 성화의 과정이기에 그 길을 걸어가기 위해서는 반복되는 훈련이 필요하다. 칼뱅은 경건의 훈련에 유익한 여러 요소를 이야기했는데 그 가운데 핵심은 성경과 기도다. 경건에 대한 칼뱅의 정의에 의하면, 하나님을 향한 경외와 사랑은 하나님에 대한 지식에서 나온다. 그러면 하나님에 대한 참된 지식은 어디에서 얻을 수 있을까? 칼뱅은 자연 만물이 하나님의 영광을 노래하고 있다고 믿었다. 문제는 인간의 타락한 본성이 그것을 깨닫지 못하는 것이다. 마치 시력이 매우 나쁜 사람은 자연 만물의 아름다움을 감상할 수 없는 것과 마찬가지다. 이때 성경은 안경의 역할을 한다. 안경을 착용하면 시력이 안 좋은 사람도 자연의 경관을 감상할 수 있듯, 성경이라는 안경을 통해 인간은 비로소 온 세상에 가득한 하나님의 솜씨와 섭리를 발견하게 된다. 경건의 훈련을 위해 기도 역시 빼놓을 수 없다. 칼뱅은『기독교 강요』에서 그리스도인이 기도해야 하는 이유를 여섯 가지로 제시했다. 여기에는 하나님을 설득하여 자신이 원하는 바를 얻는 목적은 전혀 등장하지 않는다. 그 대신 하나님을 알아가는 목적(세 번째부터 다 섯번째 이유)과 하나님을 사랑하며 섬기는 목적(첫 번째와 두 번째)이 등장하는데 이는 모두 경건의 훈련에 해당한다. 말씀과 기도가 경건의 두 가지 요소이기에 목양 소그룹의 진행 순서에서도 말씀 나눔과 합심 기도는 중요한 자리를 차지한다.

셋째, 경건의 지향점인 자기 부정이다. 이미 경건의 정의를 언급하면서 경건의 목적으로 하나님을 경외하고 또한 하나님을 사랑하는 것을 언급하였다. 그럼에도 불구하고 다시 한번 경건의 지향점으로 자기 부정을 강조하는 이유가 있다. 칼뱅은 경건의 지향점인 자기 부정을 하나님과의 관계를 넘어 사람들과의 관계에서도 이야기하기 때문이다. 경건이란 하나님과의 관계가 우선시된다. 그러나 거기에서 멈추지 않는다. 하나님을 경외하며 그분을 사랑한다면, 이제 사람들과의 관계에서도 정의와 사랑을 실천하며 자신의 욕심과 욕망을 제어하는 자기 부정의 삶을 추구해야 한다. 여기에 기독교인의 대사회적 책임이 놓여있다. 그러므로 개혁교회 소그룹은 참여자들의 유익에 만족하지 않고 하나님께서 주신 사명을 향해 나아가야 한다. 목양 소그룹과 리더양성 소그룹 외에도 다음에 소개할 사명 소그룹을 팬데믹 시대의 소그룹 목회에 포함시키는 신학적 이유가 여기에 있다. 이상이 개혁교회의 영성인 경건을 소그룹 목회의 지향점으로 삼기 위한 보다 명시화된 기준점이다. 이처럼 소그룹 목회가 추구하는 기독교적 가치를 정리했다면 리더양성 소그룹은 그 모든 초점을 여기에 맞춰야 한다.

리더양성 소그룹의 범위는 생각보다 넓다. 일차적으로 목양 소그룹의 리더를 양성한다는 목적을 내걸고 진행하는 모든 소그룹이 이에 해당한다. 그 밖에 교회의 여러 양육 프로그램도 넓은 의미에서 리더양성 프로그램으로 구분할 수 있다. 지역 교회마다 성경공부, 기도훈련, 리더십세미나, 가정세미나 등 다양한 양육 프로그램을 진행하고 있다. 그러면 이러한 양육과 훈련이 궁극적으로 지향하는 바는 무엇인가? 훈련의 내용과 과정은 다양하지만 그 지향점은 지역 교회가 추구하는 성숙한 성도의 모습일 것이다. 그리고 교회나 기독교 공동체가 추구하는 영성이 모든 성도에게 분명하게 공유되어 있다면, 명시적으로 리더 양성을 목적으로 한 소그룹이든 그렇지 않고 다양한 이름으로 다양한 주제를 다루는 훈련 프로그램이든 그 모든 활동의 지향점은 그 공동체가 추구하는 가장 궁극적 가치가 될 것이다. 곧 지역 교회가 추구하는 기독교적 가치가 분명하다는 전제 아래, 교회 안에서 시행되는 모든 양육 프로그램은 리더양성 소그룹이 될 수 있다. 그 예가 구역 모델을 탄생시켰던 여의도순복음교회다. 조용기 목사의 오순절적이고 번영신학적 영성은 개혁교회의 전통에서는 받아들이기 어렵지만, 당시 여의도순복음교회의 모든 모임과 활동이 오순절적이고 번영신학적 영성에 한결같이 초점을 맞추었기에 그러한 영성을 담지하는 여의도순복음교회의 소그룹인 구역이 폭발력을 발휘했던 것은 분명한 사실이다. 만일 교회 안에 다양한 양육과 훈련 프로그램을 운영하면서도 매년 목양 소그룹의 리더를 세우는 일이 힘겹다면, 교회 안의 양육과 훈련 과정이 하나의 초점을 지향하고 있는지 점검해야 한다. 훈련은 많이 시키는데 목양 소그룹의 리더가 나오지 않는다면, 각각의 훈련 프로그램이 거둔 성과와 상관없이 그 모든 것이 지역 교회라는 하나의 공동체 안에서 동일한 기독교적 가치를 추구하지 못한다는 증거가 될 수 있기 때문이다. 동일한 논리로, 경건을 추구하는 영적 여정이라는 개혁교회의 영성이 소그룹 목회 안에 역동적으로 일어나기 위해서는 리더양성 소그룹은 물론이요 교회 안에서 펼쳐지는 모든 양육 프로그램도 경건 훈련에 그 초점을 분명히 맞추어야 한다.

리더양성 소그룹은 목회 전략적 측면에서 중요한 특성이 있다. 감리교의 창시자인 존 웨슬리와 개혁교회의 신학 전통을 형성하는데 중요한 역할을 했던 존 칼뱅 사이에는 목회 전략적 측면에서도 큰 차이점이 존재했다. 웨슬리는 산업혁명 이후 도시로 몰려든 이른바 블루칼라를 대상으로 감리교의 소그룹인 속회를 조직하였다. 그는 이들을 통해 영국사회를 변화시키려는 아래로부터 위로의 전략을 채택하였기 때문이다. 반면 칼뱅은 철저히 위로부터 아래로의 전략을 추구하였다. 제네바 아카데미를 중심으로 목회자 교육에 집중하였고 그들을 통해 평신도들에게 경건의 삶을 훈련하려는 전략이었다. 이번 단락에서 논의하는 리더양성 소그룹은 이 두 개의 전략 가운데 위로부터 아래로 향하는 전략을 전제로 한다. 경건의 가치를 추구하는 평신도 지도자를 길러내면 그들이 인도하는 목양 소그룹을 통해 경건을 추구하는 신앙 공동체를 일굴 수 있다는 전략이다. 기독교 역사에서 소그룹 목회가 크게 활성화되었던 존 웨슬리의 감리교운동이나 여의도순복음교회의 구역 모델에는 리더양성 소그룹이 존재하지 않는데, 이들의 전략은 아래로부터 위로 향했기 때문이다.

리더양성 소그룹은 목양 소그룹의 리더를 양성하기 위해 존재한다. 그러나 감리교운동의 창시자인 존 웨슬리나 여의도순복음교회의 설립자인 조용기 목사의 예에서 보듯 대중설교를 통해 자신이 추구하는 기독교적 가치를 성도들의 내면에 충분히 불어넣을 수 있다면, 나아가 목양 소그룹을 중심으로 아래로부터 위로 향하는 전략을 구사한다면 얼마든지 리더양성 소그룹 없이도 목양 소그룹의 활성화를 꾀할 수 있다. 그러나 리더양성 소그룹은 목양 소그룹과의 연관성을 배제하더라도 그 자체로 중요한 의미를 지닌다. 위로부터 아래로의 전략을 수행하기 위해 교회의 최고 지도자가 직접 소수의 평신도 리더들에게 교회의 가장 중요한 기독교적 가치를 집중적으로 공유하는 현장이기 때문이다. 그런 점에서 리더양성 소그룹은 목회자와 평신도 리더들이 교회의 핵심가치를 주기적으로 상기하며 교회의 여러 활동을 그에 따라 점검할 수 있는 더없이 좋은 기회를 제공한다.

사명 소그룹

사명 소그룹을 이야기하기 위해 먼저 교회를 구성하는 전체 성도의 숫자를 생각해보자. 그리고 다음의 질문에 답해보라. "교회의 전체 교인 가운데 소그룹에 참여하는 성도의 비율은 얼마나 될까?" 단순한 질문인 듯 보이지만 고정된 숫자로 답하기 어려운 질문이다. 이 질문은 소그룹의 범위를 어디까지 볼 것인지에 따라 그 답이 달라지기 때문이다. 만일 구역, 셀, 순 등 목양 소그룹만 교회의 소그룹이라고 여기면 교회의 전체 성도들 가운데 소그룹에 참여하는 비율은 현격히 낮아진다. 이 책에서 제안하는 것처럼 전도대를 전도 소그룹으로 구성하고 여러 가지 양육 프로그램을 리더양성 소그룹으로 분류하여 소그룹의 원리를 활용한다면 그만큼 소그룹에 참여하는 성도들의 비율이 높아지는 것은 자명하다. 그러나 소그룹 목회가 교회의 전반적인 체질이 되어야 한다고 강조하는 이들은 전도 소그룹과 목양 소그룹, 나아가 리더양성 소그룹을 갖추더라도 전체 교인 가운데 소그룹에 참여하는 이들은 여전히 적은 비율이라고 강조한다. 그 가운데 한 명이 메타 모델의 주창자인 칼 조지(Carl George)이다. 그는 목양 소그룹만 운영하는 교회에서는 소그룹에 참여하는 성도들의 비율이 1/3 정도에 머무르는데, 보다 활발한 소그룹 중심의 교회를 만들기 위해서는 이 비율을 최소한 2/3 정도로 끌어올려야 한다고 주장했다.

라드 뎀시(Rod Dempsey)는 소그룹과 교회의 관계를 세 가지 유형으로 구분한다. 교회 활동의 일정 부분이 소그룹으로 진행되는 모델(with), 교회의 모든 시스템이 소그룹으로 진행되는 모델(of), 그리고 개개의 소그룹이 독립된 교회로 기능하는 모델(is)이다. 소그룹이라는 측면에서 본다면 'with'모델보다는 'of'모델이, 'of'모델보다는 'is'모델이 보다 진보된 형태의 소그룹 목회다. 그런데 이 책에서 지금까지 다루었던 전도 소그룹, 목양 소그룹, 그리고 리더양성 소그룹을 모두 갖추더라도 전체 성도의 일부만이 소그룹에 참여하는 'with'모델을 벗어나기 어렵다. 그러면 어떻게 소그룹을 운영하는 교회(A Church WITH small groups)을 넘어 소그룹 중심의 교회(A Church OF small groups)로 전환할 수 있을까? 가장 먼저 소그룹 목회를 넓은 의미로 이해하는 것이 필요하다. 칼 조지는 사람들이 생각하는 것보다 훨씬 다양한 소그룹이 교회 안에 이미 존재하고 있다는 점을 이렇게 강조하였다. "대부분의 사람들은 셀을 교회 소그룹 위원회의 감독 아래 어떤 가정에서 열리는 성경공부쯤으로 생각한다. 하지만 교회 생활을 주의 깊게 살펴보면, 이들이 생각하는 소그룹의 수는 다섯 배 또는 열 배쯤 늘어날 수 있을 것이다. 셀에는 교회학교 학급, 목회팀, 외부사역팀, 예배위원회, 스포츠팀, 회복그룹 등이 포함된다."[8] 대형집회 중심의 목회 활동을 제외한 모든 목회 활동이 소그룹 목회가 될 수 있다. 그리고 이러한 시각이 교회의 전체 시스템을 소그룹으로 전환하는 첫걸음이다.

교회 안에는 크고 작은 모임이 많다. 그런데 이러한 모임을 군이 소그룹이라고 명명할 필요가 있을까? 이러한 모임을 소그룹으로 구분하는 것은 목회 활동에 어떠한 실제적 유익이 되는가? 이 질문에 답하기 위해 먼저 지적할 것이 있다. 교회 안에 존재하는 다양한 모임은 그것을 소그룹으로 인식하든 그렇지 않든 소그룹의 원리가 작동한다는 사실이다. 소그룹은 참여자들 사이에 인격적 상호작용이 일어나 사람들 사이의 친밀감이 형성되기 쉬운 환경이다. 이것은 소그룹의 큰 장점이지만 동시에 단점이 되기도 한다. 소그룹에 속한 성도들과 그렇지 않은 성도들 사이에 불화와 갈등이 초래될 수도 있기 때문이다. 또한 소그룹 안에서는 모방 효과가 손쉽게 일어난다. 대중을 대상으로 한 교육보다 소그룹 환경에서 수행하는 교육이 보다 효과적인 이유다. 그런데 소그룹 안에서 검증되지 않은 교훈이 모방효과를 통해 강력하게 확산될 수도 있다. 이러한 일들은 소그룹 안에서 보편적으로 일어나는 현상으로 교회의 크고 작은 모임에서도 동일하게 나타난다. 교회 안의 다양한 모임이 실제로 소그룹이기 때문이다. 교회의 다양한 모임에 소그룹이라는 이름을 붙일 수도 있고 붙이지 않을 수도 있다. 다만 소그룹이라는 용어를 사용하면 그러한 모임 안에 일어나는 소그룹 현상을 보다 정확히 인식할 수 있다. 그리하여 소그룹의 부정적 효과에 대해 적극적으로 대책을 간구할 수 있고, 나아가 소그룹의 원리를 활용하여 교회의 다양한 모임을 긍정적 방향으로 유도할 수 있다. 여기에서 긍정적 방향이란 교회와 성도들에게 주어진 사명을 수행하는 것이다.

예배를 돕는 성가대, 찬양팀, 안내팀, 주차팀 등은 그들에게 주어진 사명이 분명하다. 교회학교나 국내외 선교를 위한 사역팀들도 마찬가지다. 이들 모임은 굳이 사역 소그룹이라고 분류하지 않더라도 자신들이 추구해야 할 사명이 무엇인지 인식할 수 있고 이를 위해 헌신

할 수 있다. 그러나 교회 안에 존재하는 스포츠 그룹이나 문화 모임 등은 그렇지 않다. 그러므로 교회의 다양한 모임에 '사명 소그룹'이라는 이름을 붙이는 목적은 성도들 사이의 친교를 넘어 하나님 나라를 위한 사명을 소그룹 모임의 지향점으로 분명히 보여주기 위함이다. 그리고 사명 소그룹이라는 이름에 어울리는 분명한 역할을 부여해야 한다. 예배를 섬기는 사명, 신앙 교육을 위한 사명, 교회 시설의 관리나 운영을 위한 사명 등 교회 안에서 성도들을 섬기는 역할 외에도 지역 사회 봉사 및 전도와 선교를 위한 사명이 그것이다. 이 모든 사명은 교회의 중요한 목회 사역이다. 그런 점에서 교회 안에 사명 소그룹을 둔다는 것은 교회의 사역을 소그룹 중심으로 진행한다는 의미가 된다. 이른바 팀 사역의 제도를 교회에 도입하는 것인데, 사명 소그룹이 교회의 사역을 주도하기 위해서는 사명 소그룹에게 사명에 따른 책임과 권한을 함께 위임한다는 전제가 필수다. 그래서 사명 소그룹의 중요성을 강조하는 칼 조지는 목회 활동 가운데 얼마나 평신도에게 권한을 부여하는가에 소그룹 목회의 핵심이 있다고 분석하였다. 곧, 사명 소그룹이 가능하기 위해서는 사역 리더십의 이양이 반드시 필요하다.

사명 소그룹을 강조하는 이들은 성경적 근거로 출애굽기 18장의 사건을 중요하게 여긴다. 출애굽기 18장에는 모세가 이드로의 충고에 따라 십부장, 오십부장, 백부장, 그리고 천부장을 세우는 장면이 나온다. 사명 소그룹의 원리를 설명하기 위해 성경의 이 사건을 주목하는 이유는 모세가 백성을 재판하는 자신의 일을 다른 사람들에게 위임하였기 때문이다. 교회의 여러 사역은 목회자가 직접 감당해야 한다고 생각할 수 있다. 그러나 사역 소그룹은 목회자가 자신의 역할로 여겼던 사역의 상당 부분을 평신도 리더에게 위임할 것을 요청한다. 여러 사역팀을 조직하더라도 사역과 함께 그에 따르는 권한과 책임을 위임하지 못하면 평신도들이 적극적으로 리더십을 발휘하는 소그룹 중심으로 교회의 전반적인 시스템을 변화시킬 수 없다. 그러면 사역 소그룹을 중심으로 평신도들에게 사역의 리더십을 이양할 때 얻을 수 있는 목회적 유익은 무엇인가? 이드로는 모세에게 이렇게 권면하였다. "그리하면 그들이 너와 함께 담당할 것인즉 일이 네게 쉬우리라"(출 18:22b). "네가 이 일을 감당하고 이 모든 백성도 자기 곳으로 평안히 가리라"(출 18:23b). 목회자는 교회의 모든 사역을 직접 주도해야 한다는 부담감에서 벗어날 수 있으며, 동시에 교회의 사역이 풍성해지면서 그 유익이 교회가 섬기는 성도들과 지역주민들에게 돌아가게 된다.

사역 리더십의 이양을 언급하면 자연스럽게 등장하는 주제가 있다. 평신도 가운데 사역 리더십을 믿고 맡길 사람을 찾아보기 어렵다는 문제다. 이 문제를 해결하기 위해 별도의 사역 훈련을 구성해야 할까? 그보다는 사명 소그룹 자체가 평신도의 사역 리더십을 훈련하는 장소가 되도록 유도하는 편이 효과적이다. 이와 관련하여 무엇을 먼저 실행할 것인지에 대한 전략적 질문이 대두된다. 사역을 감당할 수 있도록 그 역량을 훈련하고 어느 정도의 수준에 도달한 평신도에게 사역의 역할을 부여할 것인가?(선훈련 – 후사명) 아니면, 먼저 분명한 임무를 부여하고 그것을 감당할 수 있도록 훈련할 것인가?(선사명 – 후훈련) 사명 소그룹 안에서 평신도 리더십의 훈련이 동시에 일어나기를 원한다면 '선사명 – 후훈련'의 전략을 선택해야 한다. 물론, 어느 정도의 융통성을 발휘할 수도 있다. 예를 들어, 사명 소그룹의 리더로 세우기에 앞서 견습리더나 부리더로 임명하는 방법이다. 그러나 이 역시 크게 보면 '선사명 – 후훈련'의 전략에 속한다. 리더 혹은 부리더로 세워진 성도는 사역 훈련을 스스로 원하게 된다. 물론 필요한 내용은 강의나 자료를 통해 가르칠 수 있다. 그러나 대부분의 교회 사역은 지식이나 정보를 통해 배우기보다는 사역이 펼쳐지는 현장에 참여하며 배우게 된다. 사명 소그룹이 바로 그러한 현장인데, 자신이 곧 리더가 되리라는 전망이 있어야 그 자리가 훈련의 장소로 기능하기 마련이다. '선사명 – 후훈련'의 전략을 선택한다는 전제 아래, 사명 소그룹의 또 다른 이름은 사역훈련 소그룹이 될 수 있다. 목회자에게 필요한 것은 사명 소그룹과 별개로 사역훈련 프로그램을 진행하는 것이 아니라, 평신도에게 사역 리더십을 충분히 이양한 뒤 그들이 충분한 역량을 함양할 때까지 기다려주는 마음이다.

사명 소그룹은 목회적 측면에서 교회의 전체 시스템을 소그룹 중심으로 변화시키는 전략이다. 전체 교인 가운데 소그룹에 참여하는 비율은 자연스럽게 높아지고 교회는 소그룹 중심의 교회로 전환될 수 있다. 이러한 소그룹 중심의 변화는 목회자의 사역 부담을 경감시키고 평신도의 사역 리더십을 향상시킨다. 동시에 목회자들이 다 감당할 수 없는 영역을 평신도 사역팀이 채우기에 교회의 사역도 풍성해진다. 그러나 교회 안에 사명 소그룹이 정착되었을 때 얻을 수 있는 목회적 유익 가운데 가장 중요한 것은 따로 있다. 성도들로 하여금 신앙생활의 지향점을 하나님께서 주신 사명에 맞출 수 있게 한다는 점이다. 그리고 사명 소그룹은 교회적 시스템의 변화를 꾀하기에 이러한 유익은 교회적 차원에서 작용한다. 곧, 사명 소그룹은 지역 교회를 선교적 교회(missional church)로 변환하는 목회적 대안이 된다.

목회자의 역할

대형집회 중심의 목회 활동은 모임을 주도하는 소수의 목회자가 다수의 평신도 참여자를 대상으로 펼쳐진다. 한 마디로, 철저히 목회자 중심이다. 이에 반하여 소그룹 환경은 평신도의 리더십이 중요하다. 모든 소그룹을 목회자가 참여하거나 주도할 수 없으며 상당 부분을 평신도 리더에게 맡겨야 한다. 그러면 목회자의 역할과 역량은 주로 대형집회 목회 현장에서 발휘되며 소그룹 목회에서는 상대적으로 목회자의 역할이 적다고 말할 수 있는가? 그렇지 않다. 소그룹 목회와 관련하여 목회자의 역할은 크게 두 가지로 구분할 수 있다. 그 첫째는 교회의 시스템을 소그룹 중심으로 구성하는 것이다. 기존의 전도대를 전도 소그룹으로 구성하는 일, 리더양성 소그룹을 통해 목양 소그룹의 리더를 양성하는 일, 사명 소그룹을 조직하여 교회의 크고 작은 모임이 각자에게 주어진 사명에 초점을 맞추도록 하는 일 등은 교회의 최고 지도자로서 목회자가 감당해야 한다. 그러나 소그룹 목회와 관련하여 간과할 수 없는 역할이 또 하나 있다. 직접 소그룹을 인도하는 역할이다. 물론, 목회자가 교회 안의 모든 소그룹을 직접 이끌 수는 없다. 그러나 전도 소그룹을 다루며 언급한 것처럼, 목회자가 참여하고 직접 인도하는 소그룹의 분위기는 교회 소그룹의 전반적인 분위기를 좌우한다.

목회자가 직접 참여하며 주도하는 소그룹에는 무엇이 있을까? 어쩌면 목회자의 인도 하에 정기적으로 모이는 소그룹은 없을 수도 있다. 그러나 소그룹 목회를 대형집회 중심의 목회와 대비되는 형태로 이해한다면 실제로 목회자가 이끄는 소그룹 모임은 매우 많다. 그 가운데 대표적인 것이 심방이다. 여기서 말하는 심방은 성도의 가정이나 사업장을 목회자가 방문하는 형태일 수도 있고 때로는 성도들이 여러 가지 동기로 목회자를 만나기 위해 교회나 근처 약속 장소로 찾아오는 경우도 포함된다. 심방의 대상은 한 명일 수도 있지만 두세 명인 경우도 많다. 또한 목회자의 심방에 동참하는 이른바 심방대원도 있다. 그러므로 한 자리에 모인 인원을 보자면 소그룹이다. 개업 심방의 예를 보자. 개업 심방의 주된 목적은 사업장을 개업한 성도를 격려하고 그곳에서 그리스도인의 선한 영향력을 발휘하도록 권면하는 것이다.

이를 위해 준비한 선물도 전달하고 함께 예배하며 목회자가 성도를 위해 기도한다. 그런데 이 과정에서 심방대원은 역할이 별로 없다. 소그룹의 형태로 모임을 진행하지 않기 때문이다. 그러나 개업심방을 소그룹으로 인식하면, 그곳에 참여한 모든 사람들이 자신의 생각과 경험을 이야기하며 인격적 상호작용이 일어날 수 있도록 도울 수 있다. 동일한 관점으로 목회 현장을 관찰하면 목회자가 강단에서 예배를 인도할 때를 제외하고 성도들을 만나는 대부분의 시간이 소그룹 형태라는 것을 알 수 있다.

몇 가지 실례를 들어보겠다. 국내 전도여행을 다녀오는 길, 같은 차로 이동하던 5~6명이 잠시 차를 마시며 쉬는 시간이었다. 며칠 동안 봉사와 전도를 함께 하였던 이들이 자연스럽게 서로를 알아가며 더 깊은 친밀함을 형성할 수 있는 기회라 생각했다. 물론, 목회자가 개입하지 않아도 성도들 사이에 즐거운 대화가 오갈 수 있었을 것이다. 그러나 어느 모임이나 대화를 주도하는 사람도 있고 한걸음 물러서 있는 사람도 있다. 모든 사람의 적극적인 참여를 위해 대화의 진행 과정을 거스르지 않는 선에서 한 가지 질문을 던졌다. '내 삶에서 가장 행복했던 시간은 언제였습니까?' 이 질문을 시작으로 약 한 시간 정도의 대화가 이어졌고, 누구도 배제되는 사람 없이 서로를 더 깊이 알아가는 소그룹 모임이 되었다. 한 가지 예만 더 들어보자. 교구 임원으로 일년 동안 열심히 봉사했던 분들을 만났다. 참여 인원은 나를 포함하여 모두 5명이었다. 함께 대화를 나누며 어느 정도 분위기가 무르익을 무렵, 이번에도 질문을 던졌다. '여러분이 생각하는 기독교의 봉사는 무엇입니까?' 개념을 정의하는 단순한 형태의 질문이다. 그러나 이처럼 단순한 질문 하나가 깊은 대화를 유도할 수도 있다. 그 자리에 계셨던 분들은 예상치 못했던 질문이었지만 평소의 생각을 솔직하게 나누었다. 하나님을 위해 봉사한다고 했지만 사람들 때문에 상처를 받게 된 과정을 털어놓기도 하였다. 질문을 던지며 처음부터 의도했던 것은 소그룹 모임이었기에 목회자라는 이유로 내가 직접 그들의 모든 이야기에 답을 제시할 생각은 없었다. 소그룹은 그 자체로 결론을 찾아가는 힘이 있기 때문이다. 그 자리에 참석한 분들은 지난 일년간 교구임원으로 봉사하며 여러 가지 어려움도 겪었지만, 다시 돌아보니 그 모든 것이 믿음이 성장하는 과정이었으며 기독교의 봉사는 하나님을 향한 믿음과 하나님께서 주시는 위로로 감당할 수 있다는 결론에 스스로 도달하였다. 그리고 봉사는 혼자 할 수 없기에 그 자리에 함께 있는 사람들이 큰 힘이 되었노라고 고백하며 서로에 대한 감사의 마음을 전하기도 했다. 단순한 교구 임원의 송년모임으로 마칠 수 있었던 자리가 질문 하나로 풍성한 나눔이 가능한 소그룹 모임으로 바뀐 경우다.

앞에서 전도 소그룹, 목양 소그룹, 리더양성 소그룹, 사명 소그룹을 길게 설명하였지만 목회 현장에서 일어나는 소그룹은 이보다 훨씬 다양하다. 목회자가 성도들을 만나는 크고 작은 모임을 소그룹으로 인식하고 모임에 합당한 질문을 한두 개 던질 수 있는 역량만 갖추고 있다면 어디서든 소그룹 목회는 가능하다. 그리고 성도들은 목회자가 인도하는 소그룹에 직접 참여하면서 소그룹의 원리를 자연스럽게 체득한다. 모든 모임마다 교재가 필요한 것도 아니고 정해진 규칙이 있어야 하는 것도 아니다. 사람들이 마음을 열고 서로의 생각과 경험을 내어놓을 수 있도록 적절한 질문을 던지고 성도들의 이야기를 경청하는 자세만 유지하면 충분하다. 청교도 지도자였던 리처드 백스터 (Richard Baxter)는 『참목자상』(The Reformed Pastor)이라는 책에서 목회자의 회개를 촉구했다. 백스터는 목회자가 시급하게 회개해야 할 항목으로 교만, 게으름, 세속적 관심, 분열 등을 언급하는데 그가 이 책에서 가장 강조하는 목회자의 죄는 목양의 사명을 다하지 않는 죄다. "대개 사람들은 목회가 설교하고, 세례와 성찬식을 베풀고, 병자를 심방하는 것 정도로 생각합니다. 목회가 이 정도로 인식될 때 성도들은 목회자를 좀처럼 따르려 하지 않고, 목회자 역시 그 이상의 일을 하지 않으려 할 것입니다. 많은 목회자들이 소명을 제대로 알지 못해 의무를 제한해버리는 것을 보면 무척 안타깝습니다. 유능한 목회자들 중에도 설교 준비에 열심을 내지만 영혼 구원을 위한 다른 일에는 별로 신경을 쓰지 않는 사람들이 많습니다. 그들은 양들과 개인적으로 만나 이야기를 나누는 게 자신의 의무라고 생각하지 않는 것 같습니다."[9] 열심히 설교문을 작성하여 강단에서 외치는 것으로 목양의 사명을 다했다고 여기는 풍습, 바로 이것이 리처드 백스터가 생각하는 반드시 회개해야 할 목회자의 죄악이다. 나아가 그가 강조한 목회자의 개혁은 설교와 더불어 성도들을 적극적으로 찾아가 그들의 회심과 성장을 위해 헌신하는 것으로 시작된다. 리처드 백스터의 이러한 외침은 그와 우리 사이에 존재하는 수백 년의 시간차가 무색할 만큼 오늘날 한국 교회 목회자들이 귀를 기울여 들어야 할 대목이다.

팬데믹 시대의 소그룹 목회, 그 시작은 목회자의 몫이다.

[소그룹 프로그램] 목양 소그룹

    팬데믹 시대의 소그룹 목회를 재구성하면서 전도 소그룹, 목양 소그룹, 리더양성 소그룹, 그리고 사명 소그룹 등 다양한 목적의 소그룹을 제시하였다. 그 가운데 가장 큰 비중을 차지하는 소그룹은 단연코 목양 소그룹이다. 다른 소그룹의 형태는 부분적으로 선택할 수 있지만 목양 소그룹을 배제한 소그룹 목회는 상상하기 어렵기 때문이다. 목양 소그룹은 소그룹을 채택한 거의 모든 교회에서 운영되는 소그룹으로, 목양 소그룹의 운영 방식과 그 지향점을 관찰하면 그 교회에서 시행하는 소그룹 목회의 특성을 비교적 정확하게 확인할 수 있다. 그러면 개혁교회의 영성인 경건을 추구하는 목양 소그룹은 어떤 특징을 지니게 될까?

    성경을 순차적으로 묵상하는 방식(Lectio Continua)은 성경 본문의 의미를 그대로 살리려는 개혁교회의 특징이라고 말할 수 있다. 목양 소그룹은 다른 소그룹과 달리 반복하는 프로그램이기에 순차적 묵상 방식을 채택하면서도 신구약성경의 다양한 본문을 폭넓게 다룰 수 있다. 다만, 이 책에서 제시하는 목양 소그룹 프로그램은 지면의 한계로 짧은 몇 개의 성경 본문을 선택할 수밖에 없었다. 그래서 개혁교회의 영성인 경건의 특성을 함께 묵상할 수 있는 성경 본문을 선별했다. 이로써 참여자들이 자신의 신앙 여정을 경건 훈련의 과정으로 바라보고, 나아가 경건의 목적인 자기 부정을 추구하도록 구성하였다.

목양 소그룹은 주로 평신도 리더가 이끈다. 그런 점에서 제1부에서 제시한 개혁교회 목회자 소그룹과 달리 이번에 소개하는 목양 소그룹 프로그램은 찬송가나 기도제목 등 처음부터 마지막까지 모든 순서를 포함하였다. 물론, 모임을 이끄는 리더나 참여자들이 여기에서 제시한 찬송가를 다른 곡으로 바꾸어도 되고, 모임의 순서를 조금 변경할 수도 있다. 그러나 개혁교회의 목양 소그룹에는 말씀 묵상과 그에 근거한 기도의 순서가 매우 중요하다는 점은 분명하다. 말씀 묵상의 중요성이 사라지면, 경건 훈련이라는 목적을 놓친 채 친교와 중보기도가 모임의 중심이 되어 목회적 돌봄과 전도의 가치를 더욱 중요하게 여기는 여의도순복음교회의 구역 모델로 돌아가기 쉽다. 그러므로 여기에 소개한 목양 소그룹 프로그램은 함께 부를 찬송가부터 마지막 기도제목까지 모두 수록하였지만, 그 가운데 가장 중요한 순서는 말씀 묵상과 합심기도이다.

첫번째 만남 "믿음의 여정"<small>(마가복음 8장 22~25절)</small>

다 함께 하나님을 찬양합시다. (찬송가 435장. 나의 영원하신 기업)

오늘 함께 묵상할 성경말씀은 마가복음 8장 22~25절입니다. 본문의 의미를 충분히 이해할 수 있도록, 여러 번에 걸쳐 함께 읽습니다. 그리고 아래의 질문에 답하며 본문의 내용을 함께 관찰합니다.

···▸ 관찰을 위한 질문

1. 예수님께서 맹인의 눈을 고치기 위해 행하신 행동은 무엇이었나요?
2. 예수님께서 맹인에게 안수하신 뒤, 그 결과는 무엇이었나요?

(예수님은 두 번 안수하셨습니다)

예수님께서 처음 맹인에게 안수하셨을 때, 그는 무엇인가 보이는 듯했지만 완전한 시력을 회복하지는 못했습니다. 예수님은 다시 안수하셨고, 그제서야 모든 것을 밝히 볼 수 있었지요. 예수님께서 처음 안수하셨을 때, 예수님의 안수를 받았음에도 불구하고 완전히 시력을 회복하지 못했다는 점은 예수님의 하나님 되심과 그분의 능력을 생각할 때 의외의 결과입니다. 그러나 이것은 우리 그리스도인들의 영적인 모습을 정확히 보여줍니다. 맹인에게 예수님의 첫 번째 안수가 있었던 것처럼, 우리도 주님을 만난 경험을 가지고 있습니다. 그러나 여전히 완전한 시력을 회복하지 못했던 맹인처럼, 우리의 영적인 상태도 완전한 상태라 말할 수 없습니다. 예수님께서 맹인에게 다시 안수하셨던 것처럼, 우리 그리스도인들도 날마다 주님의 은혜를 새롭게 경험해야 합니다.

··→ 묵상과 적용을 위한 질문

1. 나에게 처음 주님의 손길이 임하였을 때 나의 삶은 어떻게 변하였나요?

2. 여전히 나에게 부족한 신앙의 모습은 무엇이며, 내가 주님께 구해야 할 두 번째 안수는 구체적으로 어떠한 은혜일까요?

··→ 함께 기도합시다.

하나님 아버지, 예수님의 복음을 믿어 구원받은 하나님의 자녀가 되게 하시니 감사합니다. 그러나 여전히 우리의 모습은 참된 경건의 삶에서 멀리 떨어져 있음을 불쌍히 여겨 주옵소서. 그 옛날 맹인에게 다시 안수하셨던 주님께서 오늘 우리에게도 날마다 새로운 은혜를 베풀어 주옵소서. 예수님의 이름으로 기도합니다. 아멘.

두번째 만남 "말씀 묵상과 실천"_(누가복음 11장 27~28절)

다 함께 하나님을 찬양합시다. (찬송가 204장. 주의 말씀 듣고서)

　오늘 함께 묵상할 성경말씀은 누가복음 11장 27~28절입니다. 본문의 의미를 충분히 이해할 수 있도록, 여러 번에 걸쳐 함께 읽습니다. 그리고 아래의 질문에 답하며 본문의 내용을 함께 관찰합니다.

　⋯▸ 관찰을 위한 질문

　1. 예수님께서 말씀을 전하시던 현장에서 한 여인은 왜 예수님의 어머니를 떠올리며 그녀가 복되다고 소리쳤을까요?

　2. 그 여인에게 전하셨던 예수님의 말씀은 어떠한 의미였을까요?

　예수님께서 하나님의 말씀을 전하시는 장면에서 한 여인은 예수님의 어머니를 떠올렸습니다. 그녀가 예수님의 어머니 마리아를 알고 있었는지는 확실치 않습니다. 그저 "당신을 밴 태와 당신을 먹인 젖"이라고 표현했기 때문입니다. 아마도 이 여인에게는 예수님과 비슷한 또래의 아들이 있었던 것 같습니다. 그리고 군중들 앞에서 하나님의 말씀을 전하는 예수님의 모습을 바라보며, 자신의 아들도 예수님과 같은 멋진 모습이라면 얼마나 좋을까 생각했겠지요. 그러나 예수님은 분명히 말씀하십니다. 지금 그녀의 귀에 들리는 하나님의 말씀을 듣고 지키면, 예수님과 같은 아들을 둔 사람보다 더욱 복된 인생이라고 말입니다.

···▶ 묵상과 적용을 위한 질문

1. 나의 삶을 풍요롭게 만들 수 있을 듯하여, 하나님의 말씀보다 더 중요하게 여겼던 요소가 있다면 이야기해봅시다.

2. 최근 나의 마음에 들려주셨던 하나님의 말씀은 무엇이었나요? 그 말씀을 지키기 위해 내가 실천할 수 있는 것은 무엇일까요?

···▶ 함께 기도합시다

하나님 아버지, 주님의 말씀을 듣고 지키는 사람이 복되다는 분명한 믿음을 허락하여 주옵소서. 그리하여 날마다 주님의 말씀에 귀를 기울이며 그 말씀을 실천하는 사람이 되게 하옵소서. 예수님의 이름으로 기도합니다. 아멘.

세번째 만남 "자기 부정과 십자가"(마태복음 16장 21~24절)

다 함께 하나님을 찬양합시다. (찬송가 450장, 내 평생 소원 이것뿐)

오늘 함께 묵상할 성경말씀은 마태복음 16장 21~24절입니다. 본문의 의미를 충분히 이해할 수 있도록, 여러 번에 걸쳐 함께 읽습니다. 그리고 아래의 질문에 답하며 본문의 내용을 함께 관찰합니다.

···› 관찰을 위한 질문

1. 예수님과 베드로 사이에 의견 충돌이 일어났습니다. 베드로의 생각과 예수님의 생각은 각각 무엇이었나요?

2. 예수님께서 주님을 따르는 제자들에게 요구하시는 것은 무엇인가요?

베드로는 예수님의 말씀이라면 무엇이든 받아들일 마음의 준비가 되어 있었습니다. 그러나 십자가의 죽음만큼은 받아들일 수 없었습니다. 예수님께서 십자가의 길이 아닌 영광의 길을 가셔야 한다고 믿었던 베드로는 그분을 따르는 제자들 역시 고난의 길이 아닌 축복의 길을 걸어야 한다고 생각했겠지요. 그러나 예수님께서는 그러한 생각이 사탄의 유혹이라고 분명히 선언하십니다. 그리고 누구든지 주님을 따르는 제자가 되기 위해서는 자기를 부인하고 자신의 십자가를 져야 한다고 말씀하십니다. 그리스도인이라도 그 마음에는 세상의 부귀와 영광을 누리고 싶은 욕망이 여전히 살아 있습니다. 그러나 그리스도인이 끝까지 지향하며 걸어가야 할 방향은 자기 부정과 십자가의 길입니다. 이 길에서 벗어나 영광의 길을 바라는 것이 곧 사탄의 유혹이요, 십자가의 길을 멈추어 버리는 그때 주님을 따라가는 제자의 삶도 멈추게 된다는 사실을 잊지 말아야 하겠습니다.

⋯▸ 묵상과 적용을 위한 질문

1. 제자의 길은 자기 부정의 길입니다. 여전히 내려 놓지 못한 내 마음의 욕심과 욕망은 무엇입니까?
2. 제자의 길은 십자가의 길입니다. 하나님께서 나에게 지우신 십자가는 무엇이라고 생각하십니까?

⋯▸ 함께 기도합시다.

하나님 아버지, 주님의 제자가 되기를 원합니다. 우리의 삶에 자기 부정이 날마다 일어나게 하시고, 영광의 길이 아닌 십자가의 길을 걸으며 주님을 따라가는 주님의 참된 제자가 되게 하옵소서. 예수님의 이름으로 기도합니다. 아멘.

미주

1. Timothy Keller, 『팀 켈러의 센터처치』, 오종향 역 (서울: 두란노, 2016) E-Book.

2. John Finney, 『새로운 전도가 온다』, 한화룡 역 (서울: 비아, 2014), 135.

3. D. James Kennedy, *Evangelism Explosion: Equipping Churches for Friendship, Evangelism, Discipleship, and Healthy Growth*, 4th ed. (Wheaton, Illinois: Tyndale House Publishers), 6.

4. Timothy George, 『개혁자들의 신학』, 이은선, 피영민 역 (서울: 요단출판사, 1994), 151.

5. 정성국, 『묵상과 해석』 (서울: 성서유니온, 2018), 69-73.

6. 옥한흠, 『다시쓰는 평신도를 깨운다』 (서울: 국제제자훈련원, 1998), 248-249.

7. John Calvin, *Institutes of the Christian Religion*, 1.2.1.

8. Carl F. George, 『다가오는 교회혁명 이렇게 대비하라』, 전의우 역 (서울: 요단, 1999), 83.

9. Richard Baxter, 『참 목자상』, 최치남 역 (서울: 생명의말씀사, 2003), 247.

팬데믹 시대의 소그룹 목회

·**초판 1쇄 발행** 2022년 3월 26일

·**지은이** 이한진
·**펴낸이** 민상기
·**편집장** 이숙희
·**펴낸곳** 도서출판 드림북
·**인쇄소** 예림인쇄 **제책** 예림바운딩
·**총판** 하늘유통(031-947-7777)

·**등록번호** 제 65 호 **등록일자** 2002. 11. 25.
·경기도 양주시 광적면 부흥로 847, 양주테크노시티 220호
·Tel (031)829-7722, Fax(031)829-7723